KB260130

김정일과 왈츠를

러시아 여기자의 김정일 극동방문 동행취재기

올가 말리체바 지음
박정민·임을출 옮김

Вальс с Ким Чен Иром

by Мальцева О. П.

Copyright © 2004 Мальцева О. П.

Korean Translation Copyright © 2004 by Hanul Publishing Company

All rights reserved. This Korean edition was published by arrangement
with Мальцева О. П.

이 책의 한국어판 저작권은 Мальцева О. П.와의 독점계약으로 도서
출판 한울에 있습니다. 저작권법에 의해 한국 내에서 보호를 받는
저작물이므로 무단전재와 무단복제를 금합니다.

국립중앙도서관 출판시도서목록(CIP)

김정일과 왈츠를 : 러시아 여기자의 김정일 극동방문 동행 취재기 / 올가 말리체바 지음 ; 박정민 ; 임을출 [공]옮김 . -- 파주 : 한울, 2004   p. ;   cm 원서명: Вальс с Ким Чен Иром ISBN 89-460-3292-8 03340 340.4-KDC4 320.02-DDC21   CIP2004001527

▲ 김정일 국방위원장이 2002년 8월 21일 북-러 국경인 하산역에 도착해
환영나온 러시아 극동지역 담당 군 장성들과 악수를 나누고 있다.

▼ 김정일의 극동 방문 첫날, 러시아를 위해 전사한 콤소몰스크 병사들의 기념비에 헌화했다

▲ 기념비 앞에서 콘스탄틴 풀리코프스키 연방정부
극동지구 전권대사(오른쪽) 등과 함께 포즈를 취했다.

▼ "나의 어릴 적 꿈은 비행기 조종사가 되는 것이었다." 그 때문인지 김정일은 콤소몰스크에서
SU-27전투기 조립공장을 2시간 30분 동안이나 둘러보았다. 그가 방명록에 서명을 하고 있다.

▲ 아무르강 샤르골섬 아동요양소의 아이들이 김정일을 반갑게 환영하고 있다.

▼ 아동요양소 앞에서의 기념촬영. 사진 맨 왼쪽에 연형묵 자강도당 책임비서, 풀리코프스키 전권대사, 그리고 오른쪽에서 두번째 서있는 사람은 주 북한 러시아 대사 안드레이 카를로프이다.

▲김정일이 러시아 극동 지방의 한 조선소를 둘러보고 있다. 그는 여러 개의 철모를 써보았으나 큰머리에 맞는 모자가 없어 그냥 공장을 시찰했다. 러시아와 북한 경호원들은 계속 공장의 천장을 주시해야 했다.

◀아무르 전선(電線) 공장의 통신용 전선은 북한에, 그리고 선박 수리용 전기배선은 남한에 수출된 바 있다. 김정일은 있는 그대로 솔직하게 보여주는 공장쪽 배려에 흡족해했다.

▲ 8월 22일 극동 방문 이틀째, 김정일이 하바로프스크에 있는 성 인노겐치 이르쿠츠크 성당을 방문해 주임 신부로부터 설명을 듣고 있다.

▼ 그는 특히 현대 화가가 그린 성화(聖畵)에 관심을 기울이며 평양에도 러시아 정교 성당을 세울 테니 도와달라고 부탁했다.

▲ 북한 대표단이 가장 큰 관심을 보인 것은 보병용 총 BMP-2, BMP-3, 탱크 T-8, 유도 무기 등이었다.

◀ 하바로프스크에서 김정일은 극동 군사기지의 한 군부대에 잠시 머물렀다. 그를 맞이한 사람은 극동 군 관구를 총지휘하는 유리 야쿠보프 장군이었다.

▼ '블라드 흘렙'은 블라디보스토크와 연해주 지역에서 가장 큰 제빵공장이다. 김정일은 여기서 빵 품평회를 지켜봤다.

한국어판 서문

먼저 『김정일과 왈츠를』의 한국어판이 나온다니 뭐라 표현할 수 없는 기쁨과 감격을 느낀다.

지난해 판문점을 방문했다가 눈물이 흘러내려 사진도 찍지 못했을 정도로 마음이 아팠던 기억이 새삼 떠오른다. 외국인인 내가 보기에도 판문점은 묘한 슬픔을 불러일으키는 곳이었다. 하물며 강제로 분단되어 50년 넘게 갈라서 사는 남북한 사람들의 이별의 고통과 아픔을 어떻게 헤아릴 수 있을까.

러시아와 북한은 남다른 관계를 유지해왔다. 북한은 사회주의 종주국인 옛 소련과 오랫동안 돈독한 우정을 맺어왔다. 냉전이 종식되면서 한동안 서먹하게 지냈지만 2000년 푸틴 대통령이 취임하면서 다시 허심탄회한 대화를 나누며 협력을 다지는 사이가 됐다. 이는 푸틴 대통령이 2000년 7월 북한을 방문하고, 김정일 국방위원장이 2001년과 2002년에 연이어 러시아를 방문해 서로 각별한 우의를 과시한 데서도 엿볼 수 있다. 러시아는 필연적으로 북한에 관심을 쏟을 수밖에 없다. 무엇보다 지리적으로 국경을 맞대고 있는 가까운 이웃인데다, 정서적으로도 과거부터 면면히 이어 내려온 공통의 정서가 있기 때문일 터이다.

필자는 언론인이면서 극동지역 주민으로서 북한에 특별한 관심을 기울여왔다. 특히 언론인이라면 누구나 ‘은둔의 나라 지도자’로 불려온 김정일 국방위원장과의 인터뷰를 성사시키는 것이 큰 소망이 아닌가. 그런 면에서 볼 때 나는 정말 운이 좋았다. 두 차례나 그와 인터뷰할 수 있었기 때문이다. 또한 그가 2002년 8월 러시아 극동을 방문했을 때는 5일간 밀착 동행, 취재할 수 있는 행운까지 거머쥐었으니 말이다.

아마도 감히 가까이 다가가기도 어려운 그와 손과 어깨를 맞대고 왈츠까지 춘 언론인은 내가 처음이자 마지막이 아닐까. 북한의 지도자 김정일의 행적은 워낙 베일에 싸여 있었던 까닭에 언론인들의 호기심을 더 자극하는 것도 사실이다. 그를 둘러싼 온갖 억측과 소문이 난무하고 있던 터라 나는 그야말로 촉각을 곤두세우며 그의 일거수일투족을 그대로 수첩에 기록했다.

남한의 보수층이 이 책을 읽는다면 별로 유쾌하지 않을지도 모르겠다. 이 책에서 김정일은 힘과 유머와 카리스마가 넘치는 괜찮은 남자로 묘사되고 있기 때문이다. 그가 수십만 인민을 굶주리게 하면서도 본인은 호의호식하는 인물로 서방세계에 각인되어 있는 현실을 감안하면 필자도 글쓰기가 여간 조심스러운 것이 아니다. 하지만 기존의 갖가지 편견들이 필자의 독자적인 인식과 판단을 흐리게 할 정도로 김정일이 평범한 인물은 아니었다. 이 책은 짧은 시간이나마 그를 가까이에서 보고 느낀 것들을 서술한 기록이다. 말 그대로 빼지도 보태지도 않고 언론인의 사명과 양심에 근거해 있는 그대로의 그를 묘사했다.

사실 김정일 본인도 솔직한 것을 좋아하는 사람이다. 그가 푸틴 러시아 대통령이나 풀리코프스키 러시아 연방 극동지구 대통령 전권 대사 같은 이들을 특히 좋아했던 까닭도 이들이 격식을 차리지 않고 허물없이 대해 주었기 때문이었다. 따라서 김정일도 이런 솔직한 친구들에게는 똑같이 마음의 문을 활짝 열었던 것이다. 그 틈새에서 필자는 그의 속내를 들여다볼 수 있는 기회를 포착할 수 있었던 것이다. 김정일. 그는 권력에 겹겹이 둘러싸여 있지만 평범한 보통 사람들과 같은 감정을 가진 인물이었고, 가끔은 엄격하고 폐쇄적이며 인내심이 없어 보이기도 하지만, 제스처를 많이 쓰고 미소를 짓기도 하고 때로는 껄껄 크게 웃음을 터뜨리기도 하는 인물이었다.

안타깝게도 필자는 남한을 방문할 기회가 없었다. 따라서 북한에 비해 턱없이 부족한 지식을 갖고 있다. 가까운 시일 내에 남한도 꼭 방문하고 싶다. 북한과 어떻게 다른지 비교도 하고 싶고, 제3자의 시각에서 남북한의 이질성을 극복하고 상호협력하면서 통합에 이르는 길을 제시하는 책도 써보고 싶다.

북한 사람들은 근면하고 목적 지향성이 강한 민족이다. 이는 앞으로 북한이 크게 발전할 수 있는 토대가 될 것이다. 북한은 지금 개혁 중이다. 국제사회가 북한에 인도적 지원을 계속하면서 특히 에너지를 지원해준다면 북한 경제도 도약이 가능하리라 생각한다. 내가 본 김정일은 일방적 도움만 받기를 바라는 지도자는 아니었다. 어려울 때 도와주고 협력하면 어느 시점에 이르러 반드시 서로 혜택을 줄 수 있는 단계로 발전하리라 믿는다. 이러한 맥락에서 필자는 남북간 경제교류협력의 중요성을 강조해왔다.

이 책의 한국어판 출간은 오래전부터 남북한과 러시아 극동지역 사이의 교류와 협력 증진에 헌신해온 박재규 경남대총장(전 통일부 장관)의 애정어린 권고에 크게 힘입었다. 우리는 특히 김정일 국방위원장을 몇 차례 만난 흔치 않은 경험을 공유하고 있다는 점에서 통하는 게 많았다. 그는 이 책을 저술하는 과정에서도 적지 않은 통찰력과 경험을 나눠주었다. 다시 한 번 그의 따뜻한 도움에 감사드리고 싶다.

필자의 난문을 한국 독자들이 읽기 쉽게 옮기고 다듬는 데 수고를 아끼지 않은 극동지역 전문가 박정민 경남대 극동문제연구소 러시아 지역담당 실장과 임을출 박사에게 진심으로 감사드린다. 또 한국어판이 나오기 전에 필자와의 인터뷰를 통해 러시아판을 한국에 훌륭하게 소개해 준 ≪조선일보≫ ≪동아일보≫ ≪연합뉴스≫ 모스크바 특파원들께도 고마움을 전한다.

부족하나마 이 책이 북한과 그 지도자 김정일을 새롭게 이해하는 계기가 되어 남북한 화해와 평화통일의 디딤돌이 됐으면 하는 마음 간절하다. 나는 한국어판이 나오면 책을 품에 안고 적절한 시기에 평양을 방문할 계획이다. 김정일 국방위원장과 세 번째 인터뷰를 갖고, 행운이 닿는다면 그와 함께 '탱고'를 추고 싶은 게 필자의 당돌한 소망이자 김 위원장과 '세계'를 더욱 가깝게 만드는 계기가 되리라는 것이 나의 믿음이다.

2004. 8.

블라디보스토크에서
올가 말리체바

러시아판 서문

지난 반세기 동안 북한의 통치자는 1994년 7월 8일 사망한 김일성 주석이었다. 1997년 10월 8일 그의 아들 김정일이 조선노동당의 총서기로 선출되었고, 1998년 4월 9일 국방위원장에 올랐다. 그는 2003년 9월 3일 제11기 북한 최고인민회의에서 만장일치로 국방위원장으로 재추대된다.

21세기로 넘어가면서 북한은 본격적 경제개혁에 시동을 걸기 시작함으로써 앞으로 커다란 변화를 예고하고 있다. 2001년 북한은 '신사고'와 '경제발전'이라는 기치를 선명히 내걸었다. 2001년 1월 4일자 《로동신문》은 '21세기의 신사고'에 대한 논설을 실었다. 그곳에 인용된 김정일의 연설 내용은 주목할 만하다.

"오늘날 21세기로 접어들면서, 우리는 새로운 시각과 새로운 높이에서 우리의 문제를 바라보고 해결해나가야 합니다."

그 결과 1월 9일자 《로동신문》 정치사설은 "낙후된 것을 버리고, 이데올로기적 비전과 사고를 근본적으로 쇄신하고, 모든 것을 새롭게 숙고하고 언제나 새롭게 행동하자"고 호소하며 "국가의 경제력을 최단 시간 내에 강화해 자긍심을 갖고 당당하게 경제강국의 대열에 들어가자"고 제안했다. 지금 북한은 경제대국 건설을 국가의 주요 목표로 내세우고 있다.

김정일은 최근 지난 수십 년간의 중국, 베트남, 러시아의 개혁·개방 경험을 주의 깊게 연구해왔다. 그는 조국 경제를 발전시키면서, 다른 한편으로 통제 불가능한 정치적 변혁을 차단하는 모델을 모색 중이다.

지금 북한에서는 개혁이 진행되고 있다. 생산품들을 배급하는 체제가 철폐되었고, 화폐개혁이 시행되고, 노동자들의 임금이 인상되었다. 현재 북한 주민들은 주거, 공공서비스, 교통에 대해 돈을 지불하고 있다. 국영기업들이 자체적으로 생산품의 가격을 결정하고, 원료와 보충자원들의 공급에 대한 협정을 맺도록 했다.

2002년 북한은 놀랍게도 '펜티엄 4' 컴퓨터를 생산하고 있었다. 평양의 한 전자제품 공장을 방문해 직접 눈으로 확인했다. 2002년에 700명의 노동자와 기술자들이 1만 4천 대의 펜티엄급 컴퓨터를 팔았다. 공장은 1986년부터 수만 대의 컴퓨터를 생산하여 절반 정도를 독일로 수출한다. 공장 내에는 최신 기술을 도입하는 창구역할을 하는 '과학연구소'가 설치되어 있었다.

북한에는 광범위한 분야에서 컴퓨터화가 진행되고 있다. 정부 내에 설립된 컴퓨터 센터에서는 수천 명의 재능 있는 전문가들이 다양한 프로그램들을 개발해내고 있다. 학교, 도서관에 컴퓨터가 갖춰져 있고, 호텔이나 대학교, 생산 공장, 《로동신문》의 편집실 등에서도 컴퓨터를 쉽게 찾아볼 수 있다.

경제자유화와 관련해서 볼 때 특히 '개성공업지구에 대하여'와 '신의주특별행정구에 대하여'라는 두 개의 법안 제정은 많은 것을 시사하고 있다. 이 법령들에 근거해 '남한의 동포들, 해외 동포들과 함께 외국의 법인과 개인, 기업가들'이 자유롭게 북한에 투자할 수 있게 되었다.

　김정일이 두 차례나 러시아를 직접 방문한 것은 이웃 국가의 변화에 대한 독자적인 인식을 갖고자 하는 그의 열망을 보여준다. 그는 러시아가 민주적인 시장 경제개혁의 길을 걷고 있음을 확인했다. 더욱이 그는 일방적인 도움을 받기보다는 서로 도움을 주고받는 '호혜의 원칙'을 받아들일 자세가 되어 있었다.

　『김정일과 왈츠를』은 북한 지도자 김정일에 대한 보다 사실적인 묘사에 초점을 맞추고 있다. 또 러시아의 가까운 이웃인 북한의 현주소를 객관적으로 살펴보려는 시도이기도 하다.

차 례

◀ 김정일이 방문한 극동 도시

제1부

김정일의 극동방문 동행기

白

6개월 만에 다시 만난 김정일

북한 통치자 김정일이 극동지방을 방문하기로 되어 있던 하루 전, 연해주 하산의 접경지역에는 사람들이 부산하게 움직이며 정성껏 도시를 가꾸고 있었다. 노동자들은 급히 도로의 균열을 시멘트로 메웠고 갓 베어낸 건초 냄새가 오일 페인트 냄새와 뒤섞여 코를 찔렀다.

하산 역사(驛舍) 안에는 귀빈을 맞이하기 위한 가구가 새로 배치됐고 양탄자가 깔렸다. 관계자들은 사람 이름까지 큰소리로 불러가면서 러시아와 북한 고위 대표단원들이 앉을 좌석수를 일일이 세고 또 세었다. 언뜻 보기에 빈틈이 없어 보였다.

2002년 8월 20일 이른 아침, 김정일을 실은 동방특급열차가 서서히 북-러 친선교를 지나 하산 역으로 들어왔다. 그리고 곧이어 6호차에서 북한의 김정일 국방위원장이 나타났다. 그를 영접하기 위해 극동 연방지역의 러시아 대통령 전권 대사인 콘스탄틴 풀리코프스키가

앞으로 걸어나왔다. 그들은 마치 오래 사귀어온 친구처럼 다정한 인사를 나눴다.

연해주 지방정부 관리들과 김정일의 연해주 여행에 동승할 러시아 측 관계자들은 약간 물러나 서 있었다. 기자들은 서둘러 비디오 및 사진 촬영을 하느라 정신이 없었다. 나는 서로 인사하는 사람들 틈바구니에서 조용히 서 있었다. 그런데 웬일인가. 김정일이 사람들과 바쁘게 인사를 나누다가 갑자기 내 앞에서 걸음을 멈추더니 나의 얼굴을 빤히 바라보았다.

"올가 말리체바, 다시 나를 인터뷰하고 싶지 않소?"

그는 환하게 웃으며 나에게 관심을 표시했다. 그가 반년이 지났는데도 내 이름을 잊지 않고 있다는 사실에 놀라움을 금치 못하는 한편 매우 기뻤다. 아쉽지만 김정일이 수행원들과 함께 서둘러 하산 역사로 들어갔기 때문에 더 이상의 대화는 나눌 수 없었다.

김정일은 역 안에 들어가 소파에 앉았는데, 햇빛이 그의 얼굴 정면으로 비췄다. 무지개 빛이 날 정도로 깨끗이 닦인 높은 유리창에는 햇빛을 막을 장치가 하나도 없었다. 부득이하게 소파의 위치를 옮겨, 태양을 등지고 앉을 수 있도록 재배치됐다.

이런 번잡스런 일로 흥분된 분위기는 가라앉고 차분한 대화가 시작되었다. 김정일은 이번 방문이 러시아 극동 주민들의 일상적인 삶을 방해하고, 교통체증을 야기하고, 급행열차들의 운행이 차단되는 것이 아닌가 생각하고 있는 듯했다.

사실 바로 1년 전인 2001년 북-러 급행열차가 러시아 평원을 달릴 때 시베리아 횡단철도에선 상상도 못할 일이 벌어졌다. 무임승차권을 가진 북쪽 대표단을 통과시키기 위해 국철이 끊기고, 5~6시간 동안이나 열차가 연착되었다. 오로지 권력에 봉사하고 민중들 보기를 우습게 여기는 데 길들여진 러시아 관리들의 무분별한 행태로 수천 명의 애꿎은 사람들이 희생양이 되었다. 교통 담당자들이 좀더 세심하게 열차의 운행시간과 승객들의 편의를 고려했다면 이런 어처구니없는 일이 벌어지지 않았을 것이다. 아마도 김정일은 자신의 극동방문으로 인해 겪은 러시아 사람들의 고통을 들은 듯했다. 그의 이번 극동여행 역시 러시아 민중들에게는 별로 유쾌하지 못한 결과를 초래할 수도 있다. 외국 고위 인사의 방문이 없더라도 이제 극동지방에서의 교통정체는 일상적인 일이긴 하지만 말이다.

김정일은 블라디보스토크 인근에 홍수를 일으키고 철로 바닥까지 유실시킨 태풍이 연해주 지방에는 어떤 피해를 입혔는지 물었다. 그에게 그런 천재지변은 낯선 일이 아니었다. 북한에서도 최근 5년 동안 힘들여 농사지어 수확을 앞둔 곡물이 물에 잠기고, 수백 명의 인명까지 앗아간 위력을 지닌 태풍이 세차게 몰아친 적이 있기 때문이다.

역사 안에서 대화가 이어지는 동안 철도원들은 16대의 북한 차량과 6대의 러시아 차량을 연결하고 있었다. 바야흐로 극동지역 여행을 위한 채비가 마무리된 셈이다. 녹색 불이 켜지면서, 비밀로 가득찬 동방특급열차는 아무르 연안을 향해 서서히 시동을 걸었다. 푸틴 대통령 전권 대사의 차량이 맨 앞 선두였다.

이제 차량 지붕으로 날아다니는 스턴트맨이라면 모를까 그 누구도 러시아 차량에서 북한 차량으로 옮겨갈 수 없었다. 차량과 차량 사이에는 발전시설이 설치되었기 때문에 차량간 통행이 불가능했다. 승강구와 복도도 없었다. 그래서 정차 시에 내려 플랫폼을 통해서만 북한 차량으로 건너갈 수 있었다. 물론 반대로 북한 차량에서 러시아 차량으로 넘어가는 것도 마찬가지였다. 차량들 사이에는 러시아 연방 경호대 장교들이 눈을 부릅뜨고 24시간 삼엄한 통제를 지속했다.

베일에 싸인 동방특급열차

그렇다면 동방특급열차는 어디서 만들어졌을까. 김정일이 극동을 여행하는 동안 세 가지 설을 들었다. 어떤 이는 그가 타고 다니는 차량은 스탈린 대원수가 북한의 김일성 주석에게 1945년 희사한 선물이라고 했다. 하지만 이 견해는 스탈린이 준 선물이 묘향산의 국제친선박물관에 진열되어 있지 않았더라면 믿을 만했을 것이다. 국제친선박물관에 가보니 차량이 어떻게 지상에서 15m 정도 높이에 있는 전시실 안에 들어갈 수 있었는지 그저 놀랍기만 했다.

러시아의 철도원들은 동방특급열차는 유럽에서 만들어진 것으로 1984년 프랑스에서 제작되었다고 확신했다. 마지막 견해로는 그의 기차가 일본에서 만들어졌다는 주장이다. 하지만 여러 주장만 난무하고 있을 뿐 실제 어디서 제작되었는지는 아직도 정확하게 밝혀진 바 없다.

2001년 김정일이 러시아 여행을 하던 중 직업 속성상 약간 과장하

는 것이 버릇이 된 기자들은 김정일의 기차를 계속 '장갑열차'라고 불렀다. 내 눈에도 열차는 특급열차 주인의 용모와 썩 잘 어울렸다. 알려진 바로는 사령부 차량 바닥만 장갑용 철판으로 만들어졌을 뿐, 다른 차량들은 모두 평범한 일반 차량이다. 아마 사다리 모양의 지붕이 달린 차량 모습이 기자들로부터 그런 별칭을 얻게 했을 것이다. 그것은 디젤 발전기였다. 특별한 모양새 때문에 눈에 쉽게 띄었고, 실제로 장갑열차처럼 보였다.

러시아산 열차와 북한의 열차는 멀리서 보아도 알 수 있을 만큼 겉모양부터 다르다. 예를 들어 러시아 차량의 측면 경판은 몇 개의 단단한 지느러미 모양의 판들로 보강되어 있지만, 북한 열차의 측면은 아주 매끈하다. 북한 차량은 옅은 암녹색으로 칠해져 있고, 러시아 차량은 선명한 에메랄드 색으로 빛났다.

풀리코프스키에 따르면 김정일이 머무는 지휘부 및 집무실 차량 내부는 양쪽으로 대형 스크린이 설치되어 있고 컴퓨터와 연결되어 러시아 극동 도시들에 대한 다양한 정보를 제공해주었다. 북한 통치자는 아주 흥미진진하게 러시아 극동의 다양한 생활에 대한 상세한 내용들을 익히고 있었다.

필자의 동료이자 체첸에서 함께 지낸 적이 있는 하바로프스크 출신의 방송인 세르게이 슐가가 북한 차량에 타게 되었다. 그는 양쪽 합의에 따라 김정일과 풀리코프스키가 만나는 장면을 3분 동안 촬영할 수 있었다. 그런데 촬영이 끝나자마자 기차가 움직였다. 슐가는 플랫폼에 다시 내려야만 자기 자리가 있는 차량으로 되돌아갈 수 있는데 그럴 시간이 없었다. 세르게이는 다음 역에 도착할 때까지 3시간 동안이나 북한 열차의 바깥 승강구에 꼼짝없이 서 있어야 될 판이었다.

그를 불쌍히 여긴 북한 경호대원들이 '우리를 따라오라'고 손짓했다. 그들은 슐가를 가운데 세우고 인의장막으로 둘러싸다시피 하여 시야를 가린 채 차량에서 차량으로 통과해갔다. 슐가는 그 잠깐 사이에 열차 안이 막 소독을 끝낸 것처럼 청결하고, 차량의 내부 공간이 넓게 보일 수 있도록 하얀색으로 칠해져 있음을 보았다.

특히 차량 승강구의 연결부가 인상에 남았다. 러시아의 연결부와는 달리 매우 평평하고 미동도 하지 않았으며, 작은 양탄자들로 감싸여 있었다. 러시아인에게는 매우 익숙한 레일에 바퀴가 부딪치는 소리가 북한 차량에서는 거의 들리지 않았다. 아마도 고성능 소음 차단기가 부착되어 있었던 모양이다. 복도 바닥은 광택이 나는 리놀륨이 깔려 있었다. 슐가는 북한 차량 내부의 인테리어를 몰래 촬영하고 싶었으나 자신의 행동 때문에 관계자들을 난처하게 만들고 싶지 않아 포기했다.

김정일은 왜 비행기가 아닌 기차로 하는 해외여행을 선호하는 걸까. 왜 그런 구시대적인 운송수단을 애용하는 걸까. '게오르기 세도프'라는 유람선을 타고 아무르 강줄기를 따라 유람하는 동안 필자가 이 질문을 던지자 김정일은 웃으며 간단명료하게 대답했다. 그의 대답은 곧 전 세계에 타전되었다. 독자들은 당장 그의 대답이 궁금하겠지만 조금 뒤에 언급하겠다.

러시아 언론에 따르면 2001년 모스크바에서 김정일이 푸틴과 회담할 때 푸틴이 그의 기차여행에 대해 언급한 적이 있다.

"아마 이제 당신은 어떤 러시아 통치자들보다 더 잘 (러시아를) 아시겠군요."

김정일의 답은 러시아인들의 심금을 울릴 만했다.

"저는 러시아인의 성격과 영혼을 더 잘 이해하기 위해 러시아에 왔습니다."

유리창의 금

김정일의 극동여행은 시작하자마자 중단될 뻔했다. 2001년 7월 그의 여행을 안내했던 동방특급열차에는 두 대의 경장갑차가 실려 있었다. 그런데 이번에는 8월 22일이 되어서야 비행기로 평양에서 하바로프스크까지 두 대의 '메르세데스 벤츠'가 공수되었다. 한 대는 기본 차량이고 다른 한 대는 만약의 사고를 대비한 여유분이었다. 23일 밤 벤츠는 다시 블라디보스토크로 급히 공수되었다. 두 도시에서 김정일은 자신의 승용차를 주로 이용했다.

8월 21일 국방위원장의 급행열차는 하산 역에서 콤소몰스크-나-아무레에 도착했다. 하루 전날 러시아, 북한 쪽의 경호와 의전요원들이 비행기로 도착했다. 먼저 그들은 하바로프스크 지방정부가 제공한 자동차를 점검했다. 북쪽 관계자들은 자신들의 친애하는 지도자가 타고 다닐 소형 버스를 꼼꼼히 살펴보고는 난감한 표정을 지었다. 측면 창유리에 세로로 금이 나 있었기 때문이다. 그 차는 안락했고,

기술적 측면에서는 김정일이 타기에 모자람이 없었다. 하지만 북쪽 관계자들은 즉시 차량을 교체해달라고 요구했다.

북한 경호원들과 의전 담당자들은 김정일이 그 차에 승차하지 않을 것이라고 선언했다. 순간 먹구름이 몰려왔고, 북한 통치자의 방문은 버스 유리창의 금 때문에 무산될 위기에 직면했다. 김정일이 2001년 봄, 방문 일자와 시간이 확정되었음에도 불구하고 돌연 러시아 방문을 거부했던 악몽이 되풀이되는 듯했다. 당시 북한측에서 밝힌 방문 취소 이유는 정보의 유출, 즉 러시아 신문들이 김정일의 방문 일자를 '누설'했기 때문이었다. 양측 외교관들은 김정일의 모스크바 방문에 대한 모든 합의사항을 처음부터 다시 의논해야 했고, 일정은 7월 26일에서 8월 18일로 바뀌었다. 그 뒤 김정일의 방문 일자는 북한 열차가 러시아 영토에 들어올 때까지 극비에 부쳐졌다.

김정일의 극동 방문에 대한 소문은 2002년 여름에도 나돌았다. 8월 15일자 북한 신문들은 그의 방문이 8월 하순경에 이뤄질 것이라고 보도했고, 언론인들도 임박한 사건을 애매모호하고 조심스럽게 다뤘다. 북한 열차가 8월 20일 아침 8시에 하산에 도착할 때까지 모든 것이 철저히 비밀에 부쳐졌다. 이처럼 비밀은 엄수되었으나, 전혀 예측하지 못한 돌발상황으로 그간 외교관들의 정상회담 준비 노력을 한순간에 물거품으로 만들어버릴 수도 있는 위기상황이 벌어진 것이다.

하지만 솜씨 좋은 장인들이 위기상황을 반전시켰다. 한 자동차 정비소에서 기능공들이 소매를 걷어붙이고 유리창에 난 금을 주의 깊게 살펴보고는 유리를 복원하는 섬세한 작업에 착수했다. 그들은 5시간이나 투명 수지를 바르고, 갈고 문질러 광을 내면서 금에 마술을 걸었다. 그리고 마침내 기적이 일어났다. 다음날 햇빛이 비치자 감쪽

같이 매끄럽고 투명한 유리창으로 변했다. 그러나 밤이 되자 전기 조명 아래 가느다란 석필로 그은 것처럼 금이 다시 드러났다. 북한 경호원들은 흥분했고 자기들끼리 의견을 나누더니, 또다시 특별 수송차를 교체해달라고 요구했다. 하지만 깊은 밤에 다른 차를 구할 수도 없는 노릇이었다. 게다가 러시아측은 상황을 개선하기 위해 가능한 조치를 다 취한 뒤였다. 다음날 김정일은 그 자동차를 이용했고 당연히 아무런 흠도 발견하지 못했다.

김정일의 꿈은 비행기 조종사

언젠가 "김정일이 유년시절 비행기 조종사가 되고 싶어했다"는 글을 흥미롭게 읽은 적이 있다. 그 때문인지 김정일은 콤소몰스크에서 SU-27전투기 조립공장을 2시간 30분 동안이나 둘러보았다. 성능 좋은 컴퓨터로 시뮬레이션을 하는 부서에도 오래 머물렀다. 공장 관계자가 시뮬레이션 속도가 컴퓨터 전산화작업을 통해 이전보다 500배나 빨라졌다고 말했다. 그러자 김정일이 진지하게 물었다.

"그렇다면 예전에 컴퓨터 없이 항공기술을 시뮬레이션하던 사람들은 다 어디로 갔습니까? 해고됐습니까?"

공장 관계자 가운데 한 사람이 그들은 다른 특수 분야의 기술을 익혀 대부분 예전처럼 이 공장에서 일하고 있다고 대답했다.

고출력 프레스 작업을 하는 부서에서는 김정일이 지켜보는 가운데 전투용 차량의 부품을 직접 제작해 보였다. 또 다른 공장에서 김정일에게 전투기 조종실에 올라가 볼 것을 제안했지만 왠일인지 이 흥미

로운 제안은 그의 관심을 끌지 못했다. 러시아의 항공산업계는 비행기뿐 아니라 가구, 세탁기, 텔레비전, 자전거 등 가전용품도 생산하고 있었다. 예전엔 아시아에서 매우 인기를 끌었던 자전거들을 생산하여 한반도에도 수출한 적도 있다. 하지만 가장 주목할 만한 제품은 최초의 방어용 비행기인 '미그-15기'였다. 이 전투기는 1950년 한국전쟁 시에도 한반도 상공을 주름잡은 바 있다.

이들 모든 공장은 촬영 금지구역이었다. 그러나 비행기 제작 공장에서 사소한 사건이 불거졌다. 김정일 개인 촬영기사가 제작 중인 비행기들을 배경으로 '친애하는 지도자 동지'를 무척이나 찍고 싶어 했다. 러시아 경비대 소속 장교가 몇 번이나 '찍지 말라'고 주의를 주었음에도 불구하고 북한의 촬영기사는 이해할 수 없다는 표정을 지으며 막무가내로 비디오 촬영을 계속했다. 결국 러시아 경비원이 손으로 그의 비디오카메라 렌즈를 막아버리고 나서야 그만두었다.

첫날 후반부 일정은 매우 빡빡했다. 김정일은 군수기업인 아무르 조선소를 방문하고, 민간용, 군사용 선박이 제작되는 공장들을 두루 둘러보았다. 한 공장에서는 실물 크기의 부품들이 제작되고 있었다. 그는 거대한 선반에서 가로 1.5m, 세로 1m의 부품이 연마되는 과정을 지켜보았다.

채색할 준비가 된 승객용 작은 배들이 진열된 곳에 이르자 그는 갑자기 선대(船臺)에 있는 작은 배에 오르기로 결심했다. 그의 수행원들이 황급히 뒤를 따랐고, 북한 기자들이 몰려들었다. 작은 배는 다섯 명쯤 올라서자 가볍게 흔들거렸다. 그 배의 첫 출항은 바다가 아니라 하늘에서 이루어질 듯했다. 걱정이 된 공장 관리자들이 계속 승선하려는 사람들을 제지했다. 그러는 사이 북한 통치자는 키를 돌리고, 금속 외판(外板)으로 된 선체를 두드려보았다. 그는 5등급 정도의 폭풍우를 견뎌내고 시속 80km의 속도를 낼 수 있는 작은 배에 관심이 많은 듯했다.

북한 통치자의 극동지역 방문 첫날이 서서히 저물어가고 있었다. 이른 아침 하산 역에서 성대한 환영 영접을 받은 뒤 가장 먼저 영광의 기념비를 방문하고, 제2차세계대전 때 조국을 위해 명예롭게 전사한 콤소몰스크 병사들의 기념비에 헌화했다. 그는 참배하면서 조국을 위해 목숨을 바친 사람들을 말없이 추모했다.

나는 아무르 지역의 콤소몰스크에서 초등학교를 다녔기 때문에 전쟁에서 사망한 콤소몰스크 병사들의 기념탑 앞에 선 적이 여러 차례 있었다. 그로부터 25년의 세월이 흘러 내가 기념비 옆에서 가장 수수께끼 같은 인물인 북한 지도자의 사진을 찍게 될 줄 누가 알았으랴?

아무르 강 위에 뜬 무지개

조선소 방문 이후 북-러 인사들의 행렬은 콤소몰스크의 큰길을 따라 선착장으로 향했다. 선착장에는 유람선 '게오르기 세도프' 호가 대표단을 기다리고 있었다. 도시 주민들은 평온하게 일상적 생활을 하고 있었고 교통체증은 눈에 띄지 않았으며, 경찰들은 사람들의 통행을 저지하지 않았다.

차들은 선박에서 200m 정도 떨어진 곳에 정차했다. 선박에 더 이상 접근할 수 없기 때문이었다. 모두 자동차에서 나와 정박지로 걸어갔다. 산보하기에 좋은 날씨는 아니었지만, 김정일은 주위를 흥미롭게 둘러보면서 현지 시장의 설명에 귀를 기울였다. 시장은 걸어가면서 얼마 전 70주년을 맞은 콤소몰스크의 역사에 대해 이야기했다.

일상적으로 이 지역에 자주 뿌려지곤 하는 가랑비가 내리기 시작했다. 북한 경호원들 가운데 한 명이 재빨리 친애하는 지도자 동지의 머리 위로, 나머지 5명이 너끈히 숨을 수 있는 커다란 청색 우산을 펼쳐들었다. 손님들이 선착장에서 '게오르기 세도프' 호의 갑판으로 올라서자 유람선은 아무르 강의 흐름을 타고 하류로 나아갔다.

김정일에게는 최고급 선실이 배당되었다. 처음부터 정상급 국빈을 영접할 요량으로 제작된 것이 아니었기 때문에 그다지 크지는 않지만 그래도 하루 숙박요금이 500루블이나 되는 호화로운 선실이었다. 대형 정기 여객선은 열심히 일하는 성실한 일꾼이었다. 끊임없이 아무르 강의 원형 항로를 따라 항해하면서 하바로프스크에서 콤소몰스크로, 니콜라예프스크로 승객들을 부지런히 실어 날랐다. 유람선은 중국으로도 다니고 있었다.

함께 배를 타고 있던 러시아 승객들은 크게 격식을 차리지 않았다. 세면대와 화장실에서는 경첩이 우울하게 삐걱거리고, 화장실 문은 잠기지 않았다. 그러나 유람선이 점차 도시로부터 멀어지고 수평선에 다가감에 따라 모든 불편들도 뒤로 물러났다.

극동지방의 풍경은 참으로 매력적이었다. 더욱이 바람도 잔잔했다. 아무르 강의 기암절벽에는 8월의 녹음이 에메랄드 빛으로 반짝이고 있었다. 유람선 밑에는 엄청난 모래로 채워진 강력한 황색 아무르가 울부짖고 있었다. 비가 잠잠해지자, 유람선 앞에 손잡이처럼 굽어진 커다란 무지개가 펼쳐졌다. '게오르기 세도프'는 기쁨에 가득 차 일곱 색깔 문으로 돌진했으나 시속 25km의 속도로는 무지개를 따라잡을 수 없었다. 무지개는 앞에 있는 샤르골 섬 쪽으로 계속 멀어져 갔다. 곧이어 우리도 아동요양소인 '코스모스'가 있는 그 섬에 도착했다.

선장의 말에 따르면, '게오르기 세도프'의 운명은 순탄치 않았다. 두 차례나 불이 난 적이 있었다. 이러한 배의 역사를 아는 승객들은 자기들끼리 이 배를 '불행한 화재민'이라고 불렀다. 북한 대표단과 함께한 이번 항해가 유람선에 새로운 상처를 하나 더 남겼다. 배의 조타실에 올라가보고 싶다는 김정일의 의사표시에 선장실에 있던 소파를 조타실로 옮기기로 했다. 그러나 소파가 너무 커서 문을 통과하기가 힘들었고 서두르는 과정에서 문이 부서지고 말았다. 조타실 문은 나중에 산책하기 전에야 겨우 고칠 수 있었다. 선장으로서는 애석한 일이었지만, 김정일은 결국 조타실을 방문하지 못했다.

대신 북한 경호원 한 명이 조타실로 올라왔다. 그는 선장과 나란히 서서 날카로운 눈으로 아무르 연안을 주시했다. 조타실에서 망원경으로 주변을 둘러보던 나는 접안렌즈를 통해 다가오는 멋진 파노라마에 탄성을 터뜨렸다. 잠시 후 망원경에서 눈을 떼는 순간 첨단 광학기계에 던지는 부러움과 갈망이 가득 담긴 북한 경호원의 눈길과 마주쳤다. 그에게 망원경을 내밀었으나 그는 고개를 저어 정중하게 거절했고, 타인으로부터 그 어떤 것도 건네받을 수 없음을 상기시켰다.

나는 슬며시 망원경을 선창 앞에 내려놓았다. 경호원은 천천히 자신의 품위를 지키면서 몇 걸음 다가와, 망원경을 집어들고 연안과 강을 따라 항해하는 보트들을 주의 깊게 바라보았다. 망원경을 다시 제자리에 갖다 놓으면서 그는 환한 웃음으로 고마움을 표시했다.

나를 인터뷰한 여기자를 불러달라

게오르기 세도프 호는 샤르골 섬에 바싹 다가갈 수 없었다. 섬에 선착장이 없었기 때문이다. 아동요양소는 높은 해안에 위치해 있었다. 그 해안을 따라 요양소까지 경사가 급한 층계가 놓여 있었다. 나중에 올라가면서 세어본 결과 정확히 96개의 계단이었다. '게오르기 세도프' 호는 동력을 끈 뒤 얕은 여울에 부딪쳤다. 선원들과 경호팀이 오랜 시간을 들여 밧줄로 난간을 장치한 선박용 목재 계단을 설치했다. 북한 경호원들도 선원들을 도왔다. 그러나 잔교가 설치되고 난 후에도 문제는 있었다. 계단이 흔들려서 잘못하면 물에 빠질 우려가 있었다. 연안에서는 어딜 가나 나타나는 북한 기자들이 먼저 섬에 도착하여 촬영을 시작하고 있었다.

러시아 경호대 장교가 먼저 계단으로 내려섰다. 그 뒤를 김정일이 따랐다. 잔교가 흔들렸고 모든 이들이 불안하게 지켜보았다. 러시아 장교가 북한 통치자에게 손을 내밀었고, 김정일은 그 손에 의지했다.

친애하는 지도자를 뒤따르던 북한 경호원이 그의 어깨를 꽉 잡았다. 극동의 손님은 빠르게 해안으로 내려갔고 그 후로는 옆에서 보조해 주지 않아도 기민하게 녹갈색 양탄자가 덮인 계단을 올라갔다. 다른 이들도 모두 무사히 육지에 내렸다.

층계를 다 올라서자 평탄한 운동장을 가로질러 길이 나 있었다. 여기서 김정일은 약간 당황한 듯했다. 전혀 예기치 못한 상황이 벌어졌기 때문이다. 귀가 멍할 정도의 큰 호루라기 소리와 아이들의 귀청을 찌르는 고함소리가 그를 맞이했다. 그들은 달려 나와 손을 흔들고, "김정일, 김정일!" 큰소리로 연호하며 이전에는 들어보지도 못한 손님을 열광적으로 맞이하였다.

어린아이들에게는 고함을 지르고 유쾌하게 떠드는 것만이 중요했다. 이토록 특별한 대표단의 내방은 그들에게는 진짜 대사건이었다. 한 소녀가 북한 지도자에게 들꽃으로 만든 꽃다발을 전했다. 그리고 손님에게 요양소, 숙박소 시설을 보여주었다. 여름 무대에서는 30분 간의 음악회가 열렸다. 모기떼만 없었다면 좋았을 텐데. 어린 배우들 과 관객들이 모기들에게 아주 단호해서, 뺨, 다리, 팔을 손바닥으로 때리는 소리가 홀 전체에 울려 퍼졌다.

김정일은 스핑크스처럼 부동자세를 유지했다. 그는 모기들의 습격 에도 꿈쩍하지 않고 끝까지 관객의 예의를 지켰고, 특히 러시아 민요 인 "불을 때네, 담장의 목욕탕에 불을 때네, 장가 가네, 내 귀여운 바냐가 장가 가네"를 부른 여섯 살 소년에게 뜨거운 박수를 보냈다. 작별 인사를 하면서 그는 100명의 러시아 아이들을 북한으로 초대했 다. 답례로 '샤르골'은 북한 아이들을 맞이하겠다고 약속하였다.

태양이 눈부시게 빛나는 날씨였다. 아이들의 격앙된 고함과 휘파 람 소리 속에 파묻혀 대표단은 다시 해안으로 내려갔고, 아무런 사고 없이 다시 위태로운 계단을 통과했다. 모두들 대형 정기 여객선의 자기 선실로 들어갔고, 배는 연안에서 멀어지고, 해류를 역행할 수 있을 정도의 속도인 시속 15km로 반대 방향으로 선회하고 난 후, 도시로 항로를 잡았다.

갑자기 강우가 쏟아지고, 굵은 빗방울로 인해 물방울이 사방으로 튀었다. 유람선 살롱에서는 만찬이 준비되고 있었다. 폴리코프스키 는 김정일, 주 북한 러시아 대사 안드레이 카를로프와 함께 자리를 잡고, 북한 대표단원들은 낮은 갑판에 자리를 잡았다. 김정일 수행원 들, 러시아 대표단의 전문 요원들, 경비대 장교들과 기자들에게는 높은 갑판에 자리가 마련되었다.

러시아 기자들은 지나칠 정도로 집요하게 북한 경호원들에게 그들 의 친애하는 지도자의 건강을 위해 건배할 것을 제안했다. 하지만 그토록 숭고한 건배 제의도 국가 원수의 안전을 책임지는 청년 경호대원들로 하여금 환타와 콜라를 러시아 보드카로 바꾸게 할 수는 없었다. 김정일에게서 상당히 떨어진 곳에 있으면서도 그들은 자신들의 임무를 한순간도 잊지 않았다.

반면 북한 기자들은 기꺼이 술잔을 들었다. 심지어 누가 북한 통치자를 더 존경하는가를 걸고 러시아 기자들과 술마시기 경쟁을 벌이기도 했다. 하바로프스크 출신의 사진기자는 평소 술에 잘 단련이 되어 있었던 듯 200g짜리 잔에 술을 가득 부어 단숨에 마셨다. 그러나 북한 기자는 술을 반잔 밖에 채우지 못했다. 두 사람 모두 자신들이 김정일 동지를 깊이 존경하고 있음을 증명하였지만, 경쟁을 지켜본 사람들은 러시아 전사의 손을 들어주었다.

낮은 갑판에서는 보다 절제된 사교가 이루어지고 있었다. 양쪽에서 국가 정상들을 위해 축배를 들고, 우정과 협력을 기원하는 인사말을 나누었다. 갑자기 김정일이 "평양에서 나를 인터뷰한 여기자가 어디 있느냐?"고 물었다. 그리고 나는 낮은 갑판으로 초대되었다.

김정일과의 첫번째 인터뷰

갑판 아래로 내려가면서 나는 2002년 2월에 평양에서 있었던 잊지 못할 사건들을 떠올렸다. 평양의 2월은 블라디보스토크의 4월과 유사하다. 바람이 불기는 했지만, 아주 따뜻했다. 조금 더 지나면 새싹이 푸르러지고, 세상은 꽃향기와 다채로운 색채들로 충만해진다.

풀리코프스키 전권 대사가 이끄는 러시아 대표단의 숙소는 '백화원초대소'였다. 초대소 안에는 손으로 짠 초록색 양탄자와 온실의 꽃들이 뿜어내는 색채가 눈을 즐겁게 해주었다. 특히 '김정일화'라고 부르는 꽃이 눈길을 끌었다. 싱싱한 꽃잎을 가진 선홍빛 꽃으로 베고니아과에 속하는 이 꽃은 20년 동안 품종개량에 힘써온 일본의 카모모토데루가 개발하여 '김정일화'로 이름 붙였다. 이 꽃을 북한 인민의 보물로 영원히 간직하기 위해 평양 중앙식물원에 1,000㎡를 넘는 특수온실이 지어졌다. 백화원초대소에 있는 이 관상용 식물은 온실

에서 운반되어온 것이다. 초대소에는 2002년 2월 10일에서 13일까지 러시아의 삼색기가 휘날렸다.

회담과 바쁜 일정으로 시간이 정신없이 흘러갔다. 그리고 2월 17일 저녁, 몇 가지 조짐으로 판단할 때 북한 지도자가 초대소를 방문할 것 같은 예감이 들었다. 먼저 안전요원들의 철저한 사전 보안검사가 이뤄졌다. 연해주 지역 수석 연방감독관인 세르게이 쉐르스튝이 누구보다 힘겹게 검사를 통과했다. 그는 다리에 부상을 당한 뒤 가볍게 지팡이에 기대어 다니고 있었다. 미국제 지팡이는 50cm의 금속 손잡이에 편안하게 의지할 수 있도록 만들어진 것이었다. 북한 안전요원들은 그것을 빙빙 돌려보고, 심지어 그것의 시커먼 속까지 살펴보려고 했다. 다행히 경계를 늦추지 않는 경호원의 감독 아래 주인이 지팡이를 갖고 있는 것이 허락되었다.

북한 통치자가 도착하기 10분 전부터 우리는 가혹한 훈련을 받는 병사들처럼 일렬로 서 있었다. 우리 대표단은 다들 흥분을 가라앉히기 위해 애를 썼으나 쉽지 않았다. 마침내 6m 높이에 무게가 100kg나 되는 참나무로 만들어진 양쪽 문이 서서히 열렸다. 북한 텔레비전 기자들과 사진기자들이 밀려 들어와 순식간에 각자 정해진 자리에 앉았고 그들도 우리처럼 숨을 죽이고 기다렸다.

오후 6시, 다시 초대소의 거대한 문이 활짝 열렸고 김정일이 들어왔다. 그는 건장한 체구였고, 카키색의 군복식 상의를 입고 있었다. 그는 날카롭게 주위를 둘러보더니 환한 미소를 지으며 우리 대표단 단장에게 다가갔다.

"다시 만나게 되어 반갑습니다. 풀리코프스키 전권 대사."

그들은 서로 인사하며 따뜻하게 포옹했다. 다른 대표단원들과는 의례적인 인사말과 함께 가볍게 악수를 나눴다.

"만나서 반갑습니다."

약간 들뜬 분위기 속에서 김정일이 한 러시아 경호대 장교에게 눈길을 주었다. 2001년 김정일의 러시아 방문 시 경호를 담당했던 인물이었다. 우리는 금강산 절벽에 부딪치는 불굴의 바다가 그려진 엄청나게 큰 유화 그림을 배경으로 기념 촬영을 했다. 다음날 ≪로동신문≫의 1면에 거의 반 페이지를 차지한 큼지막한 사진이 실렸다.

풀리코프스키는 김정일과 한 시간에 걸쳐 회담을 가졌다. 주로 두 나라간 정치관계와 경제협력 문제들을 논의했다. 많은 현안들에 대해 서로 비슷하거나 같은 입장을 표명했고, 2000년과 2001년 북-러 정상회담에서 도출된 합의를 성실하게 이행할 것을 다짐했다.

회담이 끝난 후에 우리는 홀로 초대되었다. 그곳에는 음식이 차려진 테이블이 놓여 있었다. 각 테이블 중앙에는 김정일화로 꾸며진

꼿꼿이 장식이 있었다. 가장 큰 테이블에 김정일과 풀리코프스키를 위한 자리가 마련되었다. 그와 나란히 러시아 외교관들, 현지 주재 대사관 직원들과 부인들, 북한 정부의 몇몇 관리들이 앉았다. 두 개의 다른 테이블 뒤에 모든 수행원들이 자리를 잡았다. 공식적인 건배 이후 사교 시간이 돌아왔다. 대표단원들과 평양주재 러시아 외교관들은 김정일에게 한 명씩 다가가 접대에 대한 고마움을 표시하고, 구정 명절을 축하했다.

김정일은 활기가 넘쳤고, 사교적이었으며 웃음이 많았다. 그리고 사람을 끄는 힘이 있었다. 러시아어와 한국어로 대화와 축배의 말이 오가는 가운데 그의 바리톤 목소리는 또렷하게 들렸다. 어느 순간 그는 갑자기 "나의 조국은 광활하도다"라는 제목의 러시아 노래를 합창할 것을 제안하며 자신이 직접 선창했다. 러시아 사람인 우리조차도 조금씩 잊어버린 노래의 멜로디를 자연스럽게 이끌면서 거의 외국인의 어색한 억양 없이 노래를 불렀다.

나는 러시아 여성 대표로 김정일에게 축하 인사를 건네라는 제안을 받았다. 그에게 어떤 인사말을 해야 할지 몰라 순간 당황했다. 홀을 가로질러 가는데 다리가 후들거려 누군가의 포도주 잔을 엎어버리지 않을까 두려울 정도였다. 내가 김정일에게 다가서자 그도 일어났다. 나는 북한 방문 전에 몇 마디의 한국말을 익혔지만 너무 흥분한 탓인지 까맣게 잊어버렸다. 하지만 그가 맞은 60번째 생일인 환갑이 성숙함과 지혜의 날이라는 것은 분명히 알고 있었다. 그의 삶에 러시아어로는 '류봅'으로 발음되는 '사랑'이 충만하기를 바란다는 인사를 했다.

김정일의 뒤에 서 있던 통역관이 번개처럼 빠르게 통역을 했으나, 내가 보기에 김정일은 내 말을 알아듣는 것 같았다. 그는 축하 인사에 감사의 뜻을 표시하면서 건배할 것을 제안했다. 감히 이렇게 말해도 되는지 모르겠지만 나는 그의 매력에 흠뻑 빠져버렸다. 건배에 동의했다. 그는 잔을 부딪치면서 키스를 해도 되겠느냐고 물었다. 김정일은 미소를 지었고 우정에 가득찬 눈으로 나를 바라보았다. 그가 나와 나란히 섰을 때 나는 이 신비로운 지도자가 손짓으로 자신의 뺨을 가리키는 것을 보고 그가 무엇을 말하는지 통역 없이도 이해할 수 있었다. 그에게 키스할 준비가 되어 있음을 알렸다.

동시에 나는 소원을 들어달라고 말했다. 김정일은 동의한다는 뜻으로 고개를 끄덕였다.

"5분 동안 세 가지 질문에 대답해주십시오."

김정일은 웃으며 나의 뜻을 받아들였다.

"여인들의 소원은 흥미롭지."

나는 감사의 마음을 담아 그에게 키스했다. 통역관이 준비가 되면 알려주겠다고 말했다. 10분 뒤에 인터뷰가 시작되었다.

"세상에서 가장 소중하고 가까운 사람은 누구인가요?"

"어린 시절에 잃은 어머니죠. 그녀는 혁명 전사였어요. 모든 어머니들이 그렇듯이 당신의 아들이 모든 일에서 잘되기를 바라셨죠. 그러나 오늘날의 나의 모습은 상상도 못하셨을 거예요. 나는 많은 점에서 그녀에게 감사해요."

"지난번 러시아 방문 중에 가장 기억에 남는 일은 무엇이었나요?"

김정일은 푸틴과의 회담과 친교, 그리고 러시아인들이 베푼 호의라고 대답했다.

"그들의 눈에서 나에 대한 호감을 발견했어요. 나로서는 기분이 좋았습니다." 그리고 덧붙였다.

"또한 나의 진정한 동지이자 흥미로운 대화 상대인 풀리코프스키를 알게 되어 더욱 기뻤죠."

인터뷰를 더 할 수도 있었지만 김정일의 뒤에 서 있는 북측 의전관이 손가락으로 자신의 손목시계를 가리키며 그만 마쳐야 할 시간임을 내게 알렸다. 마지막으로 김정일은 큰소리로 말했다.

"나에 대해 좋게든 나쁘게든 자유롭게 쓰시오. 당신이 원하는 대로 써도 상관없오."

그리고 작별의 표시로 나의 손에 입을 맞췄다. 고백하자면 전혀 예상치 못했던 일이었다. 주변 사람들도 나와 같은 생각인 듯했다.

자정 5분 전 홀에 샴페인이 들어왔고 곧이어 시계가 자정을 알렸다. 우리는 밝아오는 조선의 설날을 유럽식으로 맞이했다. 거품이 이는 포도주 잔을 부딪치며 북한과 러시아 전 국민들의 행복과 성공을 기원했다. 그리고 6개월이 흐른 뒤 운명의 여신은 나에게 다시 김정일을 만날 기회를 마련해준 것이다.

마침내 김정일과 왈츠를……

선실 안에 있는 음악 살롱에 들어갔을 때, 내 머리 속은 허락되는 한 끝없이 던질 준비가 되어 있는 질문들이 공처럼 굴러다니는 느낌이었다. 김정일은 의자에서 일어나 인사를 건네고 고개를 끄덕이며 미소를 지었다.

"올가 말리체바, 또 인터뷰요?"

'혹시 내 마음을 읽은 게 아닐까?'라는 생각이 들었다. 나는 반갑게 고개를 끄덕였지만, 그는 그토록 기분 좋은 밤에 딱딱한 인터뷰 질문을 받고 싶은 얼굴이 아니었다. 나는 그의 건강을 기원하는 인사말을 하고, 순식간에 채워진 술잔을 높이 들어올렸다.

그의 옆 테이블에 나의 자리가 배정되었다. 북쪽 사람들이 나란히 내 옆에 앉았다. 그들과 만족스러운 대화를 나누고 있었는데 갑자기 등뒤에서 통역관의 목소리가 들렸다. 그는 약 서른 살쯤 되어 보였고 지적인 외모에 안경을 끼고 있었다. 그를 아는 사람들은 그가 매우

정확한 통역을 하고, 풍부한 어휘력을 구사한다고 귀띔해주었다.

"지도자 동지께서 인터뷰를 할 준비가 되셨답니다. 의자를 가지고 곁에 가서 앉으십시오."

나는 마음속으로 환호하면서 한 손에는 노트를, 다른 손으로는 의자를 든 채 김정일의 테이블에 바싹 다가갔다.

먼저 그의 극동 방문 목적에 대해 질문을 던졌다. 그는 러시아와 평양 간에는 오랜 우호관계가 있었고, 그것은 특히 양국 정상들이 2000년 7월에는 평양에서, 2001년 8월에는 모스크바에서 만난 이후에 강화되기 시작했다고 말문을 열었다.

"러시아와의 우정은 단지 복원되는 정도가 아니라 새롭게 고양되고 있다. 이제 상호 이익을 확대하기 위한 협정을 맺을 필요가 있다. 현실적으로 러시아 극동과 북한 사이의 경제-문화적 협력이 가능하다. 과거에도 협력한 선례가 많이 있고, 이런 기반이 미래의 전망을 더욱 밝게 해줄 것이다.”

그의 대답은 막힘이 없었다.

“그런데 당신은 왜 기차로 여행을 하십니까?”

나는 참지 못하고 평소 가장 궁금하게 생각했던 질문을 던졌다. 그는 크게 웃으며 “외신들은 나를 ‘고소공포증 환자’로 묘사하고 싶어 한다”고 대답했다. 하지만 실상은 그렇지 않다고 덧붙였다.

“비행기를 타고 가면 내가 뭘 알 수 있겠소? 아무것도 없소. 정치가들 하고만 대화를 나누겠지요. 나는 내 눈으로 러시아의 장단점을 직접 보고 싶은 거요. 앞으로 모스크바 방문이 성사되면 비행기를 타고, 만일 극동으로 간다면 다시 기차를 탈 것이오.”

러시아에 대한 첫인상을 물어보았다.

“모든 것을 직접 내 눈으로 볼 수 있어서 매우 기뻤소. 러시아에서 어떤 개혁이 이루어지고 있고, 성과는 어떤지, 조금도 숨기지 않고 있는 그대로 보여주어 감사한 마음입니다. 나는 개방적이고 우호적인 친구들을 만나고 있소. 그들은 자신의 경험을 기꺼이 나누려는 사람들이지요.”

마지막으로 다시 러시아를 방문할 계획이 있는지 물었다.

“만일 모스크바를 다시 방문하게 되면 반드시 러시아 여기자를 초대해 긴 비행시간 동안 그녀가 끝없이 질문을 던질 수 있도록 하겠소.”

김정일은 신비로운 미소와 함께 재치 있는 말로 인터뷰 시간이 끝났음을 알려주었다. 나는 거듭 감사의 뜻을 전하고 내 테이블로 되돌아왔다.

살롱 안에 러시아 민요와 소련시절의 조국 찬가가 울려 퍼지기 시작했다. 북한 사람들이 분위기를 이끌면서 춤을 추기 시작했다.

김정일의 수행원들이 러시아 아가씨들, 콤소몰스크 도시 무용단의 여배우들에게 춤을 청했다. 왈츠와 탱고의 선율이 교차되고 북한 인사들은 과감하게 노출된 민속의상을 차려입은 러시아 아가씨들과 홀을 돌았다.

북한 대표단 중 한 명이 내게 몇 번이나 춤을 추자고 청했다. 그는 북한 노동당 중앙위원회 소속이었다. 그는 옛날에 모스크바에서 공부한 바 있다고 자신을 소개했고, 우리는 러시아어로 대화를 나누었다. 잠깐 쉬는 시간에 우정을 위한 건배가 돌았다. 그리고는 모두들 자기 자리로 돌아갔다.

그 북한 남자가 다가와 러시아 대표단에게 보드카를 따르기 시작했다. 아마도 그 북한 남자는 내가 광천수만 마시는 것을 보고 뭔가 분위기를 바꿀 필요성을 느낀 것 같았다. 나는 당황해하며 내 의사를 물어보지도 않고 술을 철철 넘치도록 따르는 그 사람에게 거절의 뜻으로 고개를 가로저었다. 그러나 북한 동무는 집요하지는 않더라도 단호하게 술잔을 내 앞으로 내밀었다. 결국 그와 술잔을 밀고 당기다가 블라우스에 보드카를 쏟아 흉한 얼룩을 남기고 말았다.

손님을 대우하는 입장에서 북한 손님의 제안을 받아들여야 했을지 모른다. 하지만 그도 신사로서 내 뜻을 우선 배려해야 했고, 남자답게 여성에게 보드카를 권하지 말아야 했다. 지켜보던 북한 통역관이 나서서 어색하고 긴장된 상황을 풀어주었다. 그는 내 등뒤로 다가와 조용히 귓속말을 던졌다.

"술잔에 입을 대고 조금 마시는 시늉만 하세요."

내가 잔을 들어 술을 조금 마시고 탁자에 내려놓음으로써 이 사소한 실랑이는 일단락되는 듯했다. 그러나 그 남자도 그리 호락호락하지 않았다. 그는 다시 음악이 흘러나오자 나에게 다가와 다시 손을 내밀었다. 나는 내게 보드카를 쏟은 사람과는 춤추고 싶지 않다는 뜻을 비치며 단호하게 거절했다. 거절에 감정이 상했는지 그는 불만스러운 표정으로 자기 자리로 돌아가 옆 사람에게 화를 내면서 투덜거렸다.

그때 김정일이 자리에서 일어났다. 참석자들은 그가 자리를 뜨려는 줄 알고 예우차원에서 모두 일어났다. 그는 테이블에서 나오더니 곧장 나를 향해 다가왔다. 그리고 위엄을 갖춘 몸짓으로 손을 내밀어 왈츠를 신청했다. 나는 그의 어깨에 왼손을 얹고 오른손을 그의 왼쪽 손바닥에 올려놓았다. 그는 마치 유명한 무용전문학교를 졸업한 것처럼 훌륭하게 왈츠를 추었다. 멜로디의 마지막 박자에서 춤을 멈추고 감사의 표시로 고개를 숙였고, 나도 가볍게 답례했다. 이 왈츠의 선율은 지금도 내 귓가에 생생하다.

아무르 강 유람

예전에 김정일이 전설적인 모터선인 '모스크바-75' 호를 타고 아무르 강을 유람한 것을 만족스러워했다는 사실을 알고 러시아 측에서는 그에게 강 유람을 권했다. '모스크바-75'는 그 명성 덕택에 하바로프스크에 온 북한 손님들에게 아무르 강을 보여주기로 결정했을 때 다시 선택되었다. 모터선은 특수 유람선으로 거듭났다.

말레이시아 총리, 당 서기장의 아들로 부친 집권기에 옛 소련 무역부 차관을 지냈던 레오니드 일리이치 브레즈네프, 그리고 20년 전 소련 행정부 고위 관료였던 게이다르 알리예프 아제르바이잔 대통령 등이 이 배로 아무르 강을 유람한 바 있다. 하지만 '모스크바-75'의 가장 귀한 손님은 김정일이었다.

모터선의 선장은 3일 전에야 자신이 북한 영도자를 영접하는 역할을 맡게 되었음을 알았다. 그는 소식을 듣자마자 제일 먼저 배를 도크에 얹어놓고 9명의 승무원들이 대형 여객선의 용골에서부터 작은 부품에 이르기까지 깨끗이 닦고 청소했다. 말레이시아 총리가 방문할 때는 준비하는 데만 10일이 걸렸다. 그때 갑판에는 리놀륨을 양탄자 길로 바꾸고 두 대의 에어컨을 설치했다. 말레이시아 총리가 아무르 강 줄기를 따라 유람을 하고 떠난 이후 에어컨은 흔히 그렇듯이 떼어졌고, 그뒤 다시 부착해야 했다.

김정일이 도착하기 하루 전날 '모스크바-75'의 모든 정비작업은 완료되었고, 기술적인 문제도 모두 해결되었다. 모터선을 물에 띄워 특수선박장으로 운송하고 경호대원을 배치했다. 한 사람은 폭발물을 탐색하기 위해 배의 구석구석을 거의 기어다녔다.

이른 아침부터 하바로프스크 공항 안에 있는, 1961년에 세워진 레스토랑 '아크바리움(수족관: 옮긴이주)'으로부터 김정일이 탄 배로 음식이 날라졌다. 점심식사 담당은 요리 분야에서 국제적 명성을 갖고 있는 지배인 마라트 가친이었다. 그는 레스토랑에서 일하면서 다양한 나라의 귀빈들을 접대해왔고, 그에 얽힌 흥미로운 이야기를 많이 간직하고 있었다.

한번은 라틴 아메리카 국가 지도자가 고기 요리가 나오자 깜짝 놀란 적이 있었다. 그는 채식주의자였던 것이다. 따라서 차와 커피 대신에 뜨거운 우유 한 컵을 더 좋아했다. 이를 눈치 챈 '아크바리움'의 지배인이 재빨리 공항에 있는 카페로 달려가 우유를 사왔다. 일반적인 에티켓에 따르면 생선은 뼈 없는 상태로 요리되어야 하지만 그는 이 지도자가 채식주의자임을 감안해 생선을 있는 그대로 날라왔다.

또 하벨 체코 대통령이 일본으로 가는 길에 잠시 하바로프스크 공항에 머문 적이 있다. 하벨은 심하게 위장병을 앓고 있었다. 이를 안 식당은 그를 위해 특별한 고깃국을 준비했다. 러시아 최초의 대통

령인 보리스 옐친은 수행원으로 의사들과 개인 요리사들을 데리고
다녔다. 이때도 음식은 마라트 가친의 손에 맡겨졌다. 잘게 썬 속을
채워 넣고 깃털을 단 꿩, 그리고 윤기가 흐르는 1.5m 길이의 용철갑상
어가 준비되었다. 옐친의 개인 요리사는 이런 변방에 진귀한 요리를
만들 수 있는 솜씨 좋은 요리사가 있다는 사실에 경탄했다. 모스크바
사람들이 보통 극동지역에 오면 여러 가지로 놀라는 경향이 있다.
이것은 모스크바 중심부에 사는 주민들에게만 나타나는 특이한 현상
이다.

'아크바리움' 레스토랑에 김정일을 위해 식사를 준비하라는 사전
요청은 없었다. 그러나 북한 사람들의 취향을 알고 해산물로 만든
요리를 많이 준비했다. 김정일은 여러 음식을 맛보고는 만족스러워
했다. 러시아 변방의 요리사가 프랑스까지 가서 연수한 그의 전속
요리사 못지않다는 게 곧 판명되었다.

김정일의 방문은 전혀 예기치 않은 사건들로 점철된 '아크바리움'
지배인의 삶에 흥미로운 페이지 한 장을 보태주었다. 아무르 강 유람
이 끝나고 김정일의 보좌관이 그에게 다가와 검은색 '보로지노' 빵을
가리키며 완벽한 러시아말로 물었다.

"이 빵을 살 수 있습니까? 돈은 지불하겠습니다."

요리사는 북한인들에게 빵을 그냥 선물로 주겠다고 약속했다. "빵
이 얼마나 필요하십니까?"라고 물었더니 10개라는 대답이 돌아왔다.
레스토랑 지배인은 전화로 '보로지노' 빵을 가져오라고 주문했다.

그런데 다시 수행원 중 한 명이 "20개도 가능할까요?"라고 물었다.
그 바람에 해안에서 빵을 나르는 일을 맡은 레스토랑 지배인과 그
보좌관은 다른 일행들에게 뒤처져 있다가 기차역에 이르러서야 겨우
북-러 대표단을 따라잡을 수 있었다. 그러나 이미 기차는 출발한 뒤

였다. 큰일이었다. 그러나 김정일 보좌관은 평정심을 잃지 않고 자신이 영도자보다 먼저 평양에 도착할 것이며, 하바로프스크 공항에 비행기가 도착하면 그것을 타고 떠날 것이라고 말했다. 이제 빵을 어떻게 신선한 상태로 보관할 것인가의 문제만 남게 되었다.

지배인은 지금까지 시베리아 촌락에서 애용하는 옛 냉동방식에 대해 이야기해주었다. 방법은 간단했다. 빵을 얼려서 작은 조각으로 부순다. 그리고 온도를 영하 20도 이하로 유지하는 방법이었다. 빵을 보존하는 법을 익힌 북한 보좌관은 빵 덩어리가 담긴 가방을 들고 공항으로 향했다.

아무르 강 유람은 오후 1시로 예정되었다. 아무르 강에서 열여섯 살 때부터 선원으로 일해왔던 선장은 어떤 승무원보다 모터선 작동법에 정통했다. 김정일의 아무르 강 유람에는 세 척의 배가 따라붙었다. 앞에는 작은 경비선 '순찰호-4'가 이끌었고, 그 뒤로 '모스크바-75', 이어 쌍둥이 배인 '모스크바-205'가 뒤따랐다. 북한 통치자와 공식 수행원들이 승선하였다는 자긍심과 유쾌함이 어우러지는 분위기 속에서 쌍둥이 대형 여객선이 출항했다.

아무르 강 유람은 2시간 정도 걸렸다. 김정일은 단 한 번 신선한 공기를 마시기 위해 바깥 갑판으로 올라왔다. 세 척의 배로 이뤄진 대열은 처음에는 해류를 따라 아래로 15km 정도 유영하였고, 그 뒤 출발점인 정박지로 되돌아왔다. 유람을 한 지 2주일 뒤에 유람선 선장에게 북한 노동당 기념 메달이 수여되었고, 평양에서 아무르 강 유람선으로 배달되었다. 선장은 이제 자신을 북한의 자랑스러운 노동자로 자부해도 좋을 듯했다.

힘과 유머, 카리스마가 넘치는 인물

김정일의 극동지방 여행 5일은 쏜살같이 흘러갔다. 그는 민첩하게 힘들이지 않고 선박용 계단을 올랐고 마치 정상을 정복하는 산악인처럼 높은 곳에 위치한 행정기관들과 공장들의 가파른 계단을 올라갔다.

그가 공장을 둘러볼 때 불가피하게 안전수칙을 무시해야 하는 일이 발생했다. 공장에서는 김정일과 그의 수행원들을 위해 기계공들이 쓰는 하얀 철모와 붉은 철모를 새것으로 준비해 내놓았다. 김정일은 조선소에서 여러 개의 철모를 써보았으나 그의 대포알처럼 큰 머리에 맞는 것이 없었다. 할 수 없이 모자를 쓰지 않은 채 공장을 시찰했다. 러시아와 북한 경호원들은 온 신경을 집중하여 공장 상공의 천장을 주시해야 했다. 그들은 만의 하나 천장에서 벽돌, 들보, 작은 철판들이 떨어질 경우 자신들의 머리를 기꺼이 내밀 각오가 되어 있었다.

　김정일이 신체적으로 강인한 사람이라는 것은 그의 강하고 열정적인 악수로도 짐작이 가능하다. 키 185m의 러시아 용사인 연해주파견 연방감독관 세르게이 쉐르스튝은 북한 통치자와 인사를 나누고 난 후 그의 힘찬 악수에 대해 다음과 같이 말했다. "그의 손은 내 손을 마치 철판 압착기처럼 꽉 눌렀다." 많은 이들이 김정일은 의심할 바 없이 놀라운 활력을 지니고 있으며 그래서 그토록 강한 악력(握力)을 갖고 있는 것 같다고 평가했다.

　그의 건강은 스스로 삶의 기쁨을 유지하는 데 도움이 되는 듯했다. 많은 러시아나 서방 기자들은 북한 통치자가 우울하고 외부 세계에 대해 잘 모르며, 폐쇄적이고 돌처럼 굳은 얼굴 표정을 한 사람이라고 써왔다. 그러나 5일간 김정일을 밀착 동행하면서 미소 짓거나 크게 웃을 때 그의 얼굴이 얼마나 생생하게 변하는지, 또한 얼마나 정서적으로 예민한 사람인지를 내 눈으로 확인할 수 있었다.

하바로프스크에서 군사 박물관을 방문하던 중에 던진 그의 농담은 모처럼 주변을 웃음바다로 만들기도 했다. 김정일은 박물관으로부터 호랑이가 그려진 그림을 선물로 받았다. 하지만 묘하게도 북한 대표단 역시 호랑이 그림을 박물관에 희사할 예정이었다. 그러자 김정일이 재빨리 말했다.

"우리 정보요원들이 호랑이를 교환하자고 권한 것은 정말 잘한 일이었어요. 우린 사전에 여러분의 선물을 알고 있었거든요."

약간 목이 쉰 듯한 김정일의 목소리는 언제나 두드러졌다. 쉰 목소리는 아마도 오랜 세월 즐겨온 흡연 탓인지도 모른다. 그는 측근들에게 원하기만 하면 담배를 끊을 수 있다고 자신있게 말하곤 했다. 그리고 실제로 21세기에 들어와서 김정일은 담배를 끊기로 모진 결심을 했고, 이제는 담배를 피우지 않는다. 수많은 그의 전우들, 고위 군 장성들, 군단과 사단의 지휘관들은 김정일 최고사령관을 본받아 담배를 끊었다. 물론 일반 인민군들에게는 양질의 담배가 계속 제공되고 있다.

역사적으로 스탈린과 윈스턴 처칠 영국 수상이 골초라는 사실은 널리 알려져 있다. 둘 다 끊임없이 담배를 피워댔다. 스탈린은 자신의 애용 담배인 '헤르체고비나 플로르'가 들어 있는 파이프를 입에서 떼지 못했다. 처칠은 연신 쿠바산 궐련을 뻑뻑 피워댔다. 그럼에도 불구하고 두 사람은 아주 오래 살았다. 스탈린은 일흔세 살, 처칠은 아흔한 살까지 살았다. 김정일 역시 장수하리라는 생각이 들지만 이제 그는 담배까지 끊었으니 그들보다 더 오래 살지도 모른다. 김정일에게는 다른 이들과 뚜렷하게 구별되는 개성, 즉 선명히 드러나는 남성적인 카리스마가 있었다.

충성스런 경호대원들

김정일의 극동여행 중 그의 안전은 러시아 연방 경호대 소속 장교들이 담당했다. 그가 하바로프스크, 블라디보스토크, 콤소몰스크 여행을 할 때, 화려한 옷을 입은 거구의 러시아 경호원이 언제나 5m 정도 앞서서 걸어갔다. 그들은 자신의 거대한 몸집으로 비디오와 녹음기를 김정일의 얼굴 앞에 내밀려고 호시탐탐 노리는 기자들을 상당한 거리로 떼어놓았다. 이들은 블라디보스토크에서 무역센터를 방문하는 길에 지나치게 집요하게 김정일에게 바싹 다가가려고 몸을 던지다시피 한 지방 기자를 순식간에 저지했다. 김정일은 그들에게 특별히 사의를 표시했다.

또 다른 러시아 경호장교는 사복을 입고 김정일과 나란히 서서 그림자처럼 수행했다. 그는 레이저처럼 꿰뚫어보는 날카로운 시선으로 주위의 모든 사람들을 감시했고, 북한 통치자의 길 앞에 있는 장애물들을 미리 파악하고 김정일에게 사전 주의를 주었다. 아주 위험한

장소에서는 김정일에게 손을 내밀어 말없이 도와주기도 했다.

러시아 경호원들은 대체로 키가 크고 건장했다. 반면 북한 경호원들은 균형이 잡혔고 보다 섬세했다. 그들은 가능한 방송기자와 사진기자들이 촬영하는 것을 방해하지 않으려 노력했으나 그들을 제지해야 할 때는 단호했다.

기자단이 동석하는 것이 바람직하지 않다고 판단되면 경호원들은 타협하지 않고 김정일 동선에 걸림돌이 되지 않도록 기자들이 서 있어야 할 곳을 명령조로 가리키기도 했다. 하지만 친애하는 지도자 동지의 경호원들은 극동지역에 주재하는 북한 기자들에게는 거의 완전한 행동의 자유를 허용했다. 물론 하바로프스크에서 북한 기자들이 취재할 수 없었던 적도 있었다. 촬영이 금지된 극동군관구 사령부에 들어가는 것은 허용되지 않았던 것이다. 무슨 수를 써서라도 건물 안으로 들어가려던 평양 기자들의 끈질긴 노력도 결국 실패로 돌아갔다.

북한 경호원들은 훈련이 잘되어 있었고, 강인하고, 끈기가 있었다. 김정일이 블라디보스토크에 있는 한 무역항을 방문하는 중에 폭풍우가 몰아친 일이 있었다. 바람 때문에 거의 걸을 수 없을 정도였고, 차가운 비까지 몰아쳤다. 대표단을 위해 항구에 차양을 세웠지만 경호원들은 억수같이 내리는 비를 그대로 맞으며 김정일 곁에 서 있었다. 그들은 흠뻑 젖었지만, 전혀 불편한 기색을 보이지 않았다.

하바로프스크에서 나는 우연한 기회에 경찰의 '선도차'를 타게 되었다. 이 차량은 김정일의 안전을 위해 그의 행렬보다 항상 앞에 다녔기 때문에 그렇게 불렸다. 운전사와 나란히 하바로프스크 경찰청장인 대령이 앉아 있었다. 운행 도중 갑자기 왼쪽에서 북한 전통 복장을 차려입은 한 무리의 사람들이 나타났다. 그들은 손에손에 꽃다발을 들고 있었고, 인도에서 차도로 뛰어나와 김정일의 메르세데스 벤츠가 지나가는 길을 꽃으로 뒤덮으려는 듯했다. 경찰차의 운전사가 차도에서 북한 주민들을 뒤로 물러서게 하기 위해 위협적으로 길 가장자리 쪽으로 차를 바싹 들이댔다. 조수석에 앉아 있던 대령이 벌컥 소리를 질렀다.

"자네 뭐하는 건가! 갑자기 차 앞에 아이들이 불쑥 나타나기라도 하면 어쩌려구. 무조건 길 한가운데로만 가. 인도는 다른 부서에 맡기고."

차는 다시 차도의 중앙으로 옮겨가 총알처럼 앞으로 돌진하였다. 갑자기 2001년의 김정일 방문 시에는 어떻게 신변안전을 보장했는지 궁금해졌다. 대령은 지금은 좀 곤란하고 나중에 좀더 편안한 상황에서 말해주겠노라며 입을 다물었다.

나중에 그에게 들은 바에 따르면 당시 김정일의 신변 보호를 위해 투입된 경찰은 거의 천여 명에 달했다. 국가 자치감독부는 김정일을 위해 예정된 행렬 차량 전체를 샅샅이 검사했다. 브레이크가 제대로 작동되는지를 확인하기 위해 일제 자동차와 지프차, 독일의 '메르세데스', 러시아의 '볼가' 등 가리지 않고 철저히 점검했다. 각각의 차량들 곁에는 경비대가 배치됐다.

8월 12일과 13일 사이의 밤에 경찰들은 기차역 앞 광장을 깨끗이 청소했다. 광장에 서 있는 일반 차량의 운전사들에게는 다른 곳으로 옮겨가 줄 것을 강하게 요구했다. 그래서 13일 아침 김정일을 태운 특급열차가 역에 도착했을 때 광장은 텅 비어 있었다. 오전 9시, 북한 대표단은 하바로프스크 시내 관광을 시작했다. 속도는 최대 시속 80km를 유지했다. 두 대의 선두차가 앞섰고, 그 뒤에 다른 차량이 줄을 지어 뒤따랐다. 행렬이 지나가는 거리의 차량 통행은 전차, 무궤도 전차, 버스 이외는 모두 통제되고 있었다. 그나마 김정일이 역에서 출발하자 이들 역시 모두 멈추어 섰다.

하바로프스크 거리도 북한 통치자에 대한 안전조치가 모두 취해졌다. 교차로에서 트럭 한 대가 갑자기 뛰쳐나와 경호대를 바싹 긴장시켰다. 그것은 영화에서 흔히 볼 수 있는 장면이었다. 경호대원들은 트럭을 멈춰 세웠으나 그것을 제때에 옆으로 옮기지 못했다. 결국 행렬은 조심스럽게 장애물을 우회해야만 했다.

김정일이 방문하기로 예정된 박물관, 상점, 유치원은 2시간 전부터 경찰 순찰견의 검사를 받았다. 이 개들은 체첸에서도 맹활약한 바 있다. 다행히 걱정할 만한 것들은 전혀 발견되지 않았고, 이에 대한 보고서가 즉각 연방 국방경비대와 연방 치안경비대에 보내졌다.

또한 김정일이 지나가는 길에 있는 건물들의 지하실과 옥상도 샅샅이 수색했다. 지하실은 자물쇠로 잠그고, 자물쇠가 없는 곳에는 경찰을 배치했다. '고층' 경비팀은 지붕에서 안전을 검사했다. 김정일의 방문기간 동안 모든 극동도시들에는 그 어떤 특급 수송차량도 지나가지 않았다. 러시아 질서의 수호자들은 저마다 자신이 맡은 임무를 정확하고, 성실하게 수행했다.

노동자의 손에 들린 칼

다시 2002년 8월, 김정일 차량 행렬은 꽃을 들고 나온 북한 환영 인파들로 가득찬 거리를 지나 곧바로 제약회사 '달킴'으로 향했다. 이 공장은 물약과 알약을 생산하여 극동 전 지역에 공급하는 회사로 판매규모가 러시아 10대 제약회사에 속한다.

북한 손님들은 약을 생산하는 공장으로 안내되었다. 옷 보관실에서 덧신, 모자, 그리고 눈이 부실 정도로 하얀 가운을 지급했다. 김정일이 가운을 입으니 마치 의과대학 교수처럼 보였다. 북한 기자들은 손까지 저어가며 특수복을 입지 않음으로써 위생법을 무시했다. 그들은 언제나 지도자 앞으로 밀치고 나가 극동 방문에서 가장 흥미로운 순간을 카메라에 담으려고 애썼다.

김정일은 조명이 좋지 않은 좁고 긴 복도를 따라 앞으로 나아갔다. 복도 왼편으로 유리로 된 벽장이 환하게 빛났다. 그것을 통해 약제를 제조하는 과정을 볼 수 있었다. 그곳으로부터 유쾌하지 않은 냄새가

조금씩 스며 나왔다. 손님에게 원하면 공장 안으로 들어갈 수도 있음을 알렸으나, 그는 해로운 제품이 있는 곳에 들어가고 싶어 하지 않았다.

북한 기자들은 초대받지 않았으나 민첩하게 공장 안으로 뛰어 들어가서 여성 약제사들, 움직이는 컨베이어 벨트와 그 위로 굴러가는 알약들을 카메라로 찍어댔다. 그리고 유리창 너머로 이 회사 선임 기술자의 설명을 경청하고 있는 친애하는 지도자를 카메라에 담았다.

주사기 공장에서는 둔탁하게 울리는 소리가 났다. 유리병이 투명한 약물로 채워지고 납땜으로 봉인되었다. 봉인하는 가마는 회전목마식의 작업대를 연상시켰다. 청색 불꽃들이 혀를 날름거리고 있었다. 뜨거운 열기를 느꼈는지 김정일은 회전하는 풍로 곁으로 다가가지 않았다. 풍로는 세 줄로 놓여 있었고, 첫번째 라인은 안전을 위해 불을 꺼두었다. 기술 공정은 두세번째 줄에서만 이루어지고 있었다.

버너(burner)에서 뿜어져나오는 불이 센소리를 내고 있었다. 그때였다. 갑자기 기관총 발사 소리와 비슷한 굉음이 울렸다. 순간 러시아와 북한 경호원들은 밀집대형으로 김정일을 에워싸고 이 위협적인 소리의 진원지를 확인하기 위해 날카롭게 두리번거렸다. 김정일은 눈썹 하나 까딱하지 않았다. 회사 사장은 서둘러 버너에서 고무관이 벗겨지면서 가스가 새어나와 생긴 소리라고 해명했다.

김정일에게 우수리스크 타이거의 야생 엘레우테르코크(극동에서 나는 약용식물의 하나: 옮긴이주), 산삼, 두릅나무로 제조한 강장제 약주 선물 세트, 사슴 뿌리에서 채취한 강장제, 얼룩 사슴의 어린 녹용으로 제조한 약주가 선물로 제공됐다. 그는 고개를 끄덕여 강장용 약제들의 효능을 잘 알고 있음을 표시했다.

제약회사의 출구에서 김정일은 하얀 가운을 벗었고, '의학 교수'에서 다시 신비에 싸인 북한의 지도자로 돌아갔다. 그러나 '닥터 아이발리트'(러시아의 전래동화의 주인공. 아파도 병원에서 치료를 받을 수 없는 동물들을 친절하게 치료해주는 선량한 의사: 옮긴이주)는 기억에만 아니라 내 사진에도 남았다.

오후에 김정일은 '아무르 전선(電線)' 공장을 방문했다. 한때 이 공장 제품은 소련의 모든 공화국들에 공급되었을 뿐만 아니라 외국으로 수출되었다. 북한에는 통신용 전선이, 남한으로는 선박 수리용 전기배선이 수출되었다. 전선 코일들로 둘둘 감긴 거대한 작업대들이 곳곳에 있는 공장 내부는 우중충하고 볼품이 없었다.

김정일이 이 공장을 둘러볼 것이라는 소식이 일주일 전에 전달되었다. 먼저 도로의 틈을 메우는 작업이 시작됐다. 니콜라이 바실리예비치 고골(1809-1852. 19세기 전반의 러시아 작가. 소설 『죽은 혼』에서 러시

아 지방도로의 열악한 상태에 대해 유머러스하게 그린 바 있다: 옮긴이주)
시대부터 알려진 바대로, 러시아의 도로는 영원한 골칫거리이다. 공
장 부지는 달걀처럼 매끄럽지는 않았지만, 다리를 다칠 염려 없이
걸어 다닐 만했다.

일주일 내내 특수 경호팀은 울타리 구멍을 통해 공장 안으로 잠입
하는 개들을 잡아들였다. 이들은 불과 며칠 전까지만 해도 경비대원
들로부터 귀여움을 받으며 먹고 살 걱정 없이 지내던 터다. 하지만
이제 방치된 개들을 전부 쇠창살 안에서 지내야 했다.

어느 날 저녁 지배인과 노동조합위원장은 다시 한 번 공장 안을
둘러보기로 했다. 이는 매우 현명한 결정이었다. 난폭하게 짖어대면
서 그들에게 달려드는 더러운 큰 개를 발견한 것이다. 지배인은 간신
히 위기를 모면한 후 휴대폰으로 경호원들을 불러 털이 북실북실한
부랑자를 포획했다. 이 개는 공장의 죄수가 되었지만 이후 곧 사면되

어 공장의 파수꾼으로 임명되었다. 하지만 정작 '아무르 전선'에서 발생한 비상사태의 원인 제공자는 개들이 아니었다. 바로 공장 노동자의 손에 들린 철칼이었다.

공장 안을 김정일이 둘러보는 와중에도 생산공정은 원래의 순서대로 진행되고 있었다. 북한의 귀빈이 공장을 방문했다고 해서 작업 속도가 늦추어지지 않았다. 그런 작업 태도에 김정일은 경탄했고, 모든 것이 원래 그대로의 모습이고 전혀 눈가림이 아니라는 것을 보여주자 그는 만족했다.

생산기술 공정 중 한 노동자가 칼로 전선을 절단해야 하는 부분이 있었다. 전날 저녁에도 이 불행한 사람은 내내 동일한 작업만을 반복했다. 칼을 쥐고 휘두르는 그는 다른 것을 상상할 수가 없었다. 진정한 소련 시대의 젊은이로서 자신에게 주어진 임무를 묵묵히 수행하며 거의 밤을 지새웠다. 그리고 이튿날 말뿐만 아니라 행동으로 모든 일들이 어떻게 진행되는지를 보여주기 위해 아침 일찍 길을 나섰다. 그는 미리 공장에 와 있던 경호원들에게 상황을 설명했다. 칼을 들고 자신이 맡은 일의 성격을 자세히 설명하며 납득시키고자 했다. 경호원들은 칼을 이러저리 살펴보고는 그를 칭찬했다.

그는 김정일이 보는 앞에서 전선 자르는 일을 할 때 매우 떨렸다고 나중에 털어놓았다. 그는 진정 우리 시대의 영웅이었다. 김정일은 그의 바로 곁에 서 있었다. 이 노동자가 손에 칼을 들고 전선을 자를 때 그의 내면에서 일렁이던 뜨거운 감동은 전혀 상상조차 할 수 없었을 것이다.

러시아 정교에 심취하다

김정일이 2001년 하바로프스크에 머물 당시 그는 도시의 중앙 광장에 러시아 정교 성당이 세워지는 것을 본 적이 있다. 북한 지도자는 그 이듬해 방문 일정에 이 성당 방문을 포함시키라고 요구했다. 그에게 현재 이용되고 있는 성 인노겐치 이르쿠츠크 성당을 방문할 것을 권했다. 그는 수행원들과 함께 2002년 8월 22일 그곳을 방문했다.

성당 울타리 너머에서 경찰들은 오직 메르세데스 벤츠만 통과시키고, 다른 자동차들은 문앞에 세워놓게 했다. 김정일이 성당 안에 들어갔고, 건장하고 길고 무성한 수염을 가진 은발의 주임 사제인 이고리 신부가 그를 맞이했다. 북한 통치자는 하바로프스크 성당의 내부 장식에 깊은 감명을 받은 듯했다. 그는 사제가 말해주는 정교 성당의 역사에 관심을 가졌다.

이고리 신부는 성당이 104년 전에 지어졌다고 전했다. 토대를 닦은 시기는 병사들이 목재 초소를 베어버린 1859년으로 추정된다. 시간이 흐른 뒤에 그 자리에 석조 성당을 세웠다. 하지만 1917년 10월 사회주의 혁명 이후 성 인노겐치 성당은 대다수의 러시아 교구들과 운명을 같이했다. 1931년 성당은 폐쇄되었고, 건물은 군 기관으로 넘겨졌다. 지붕의 천막 종루는 허물어졌고, 북쪽 및 남쪽 현관도 없어졌으며, 화려한 내부 장식은 흔적도 없이 사라졌다. 하바로프스크에 천문관측소가 세워지자, 허물어진 성당 벽돌들은 건축 자재로 사용되었고 그곳에 눈에 띄는 세부 장식으로 남았다.

옛 소련 권력은 성당에 천문관측소를 세우곤 했다. 이런 천문관측소는 앙가라 강 유역의 이르쿠츠크의 옛 성당에도 세워졌다. 1992년 하바로프스크에서는 훼손당한 건물이 다시 신도들에게 넘겨졌다. 성당 복구는 10년에 걸쳐 이뤄졌다. 2002년 6월 5일 성당은 화려한 조명을 받으며 장엄한 위용을 드러냈고, 다시 교구의 신도들을 맞이했다.

김정일은 말없이 길고 슬픈 이야기를 듣고 나서 질문을 던졌다. 질문은 매우 진지하고 구체적이어서, 북한 지도자가 러시아 정교를 받아들일 준비가 되어 있는 것처럼 보였다.

"참회와 성찬은 어디에서 합니까? 성가대석과 제단은 무엇입니까? 정교는 가톨릭과 어떻게 다릅니까? 성화들은 누구를 그린 겁니까?"

이고리 사제는 상세하게 대답하였다. 김정일은 현대 화가가 그린 성화(聖畵)에 눈길을 쏟았다. 교회 주임 사제는 이것은 교회가 성인으로 추대한 표도르 우샤코프를 그린 성화라고 말했다.

사실 우샤코프는 러시아의 해군사령관이자 제독이었으며, 러시아를 위해 흑해를 지나 대서양으로의 항로를 개척한 사람이다. 그의 함대는 단 한 번도 패한 적이 없는 무적함대였다. 우샤코프는 평생 '믿음, 황제, 그리고 조국'을 위해 헌신했고, 은퇴한 이후에도 위대한

해군사령관은 큰 부자로 화려한 대저택에서 근심걱정 없이 살아갈 수 있었지만 수도원에서 멀지 않은 마을에 정착해 여생을 하느님께 봉사하며 지냈다.

하바로프스크 성당에 걸린 우샤코프의 성화는 특별했다. 성인의 오른손에는 별 모양의 움푹 팬 궤가 놓여 있었다. 그 안에 위대한 러시아 해군사령관의 묘지에서 하바로프스크로 보내진 제독의 유골 일부가 들어 있다. 김정일은 성화와 우샤코프 전 해군사령관에 대해 특별한 관심을 나타냈다. 그 자신이 북한 인민군의 최고 사령관이며, 많은 시간을 북한 병사들과 장교들의 사기를 돋우는 데 할애하고 있기 때문일까.

러시아 기자들 가운데 어떤 이들은 김정일이 성호를 그었다고 썼고, 어떤 이들은 헤어질 때 이고리 주임 사제가 그에게 성호를 그어 주었다고 전했다. 그러나 실제로 그런 일은 없었다. 정교 신자인 러시아 경호원들과 러시아 대표단원들이 성당에 들어서 전통에 따라 성호를 그었고 김정일은 단지 습관적으로 뺨을 문지르기 위해 손을 올렸을 뿐이었다. 그는 성당 안에 40분 정도 머물렀다.

성 인노겐치 이르쿠츠크 성당에서 나올 때 김정일은 깊은 생각에 잠겨 있었다. 거리에서 걸음을 멈추고, 눈을 들어 하늘을 바라보았다. 햇빛이 쏟아지는 화창한 날이었고, 햇살은 마치 좋은 징조인 것처럼 십자가들로 장식된 금빛 지붕들 위에서 춤추고 있었다. 종소리가 울려퍼졌다. 김정일은 자신의 수행원들에게 평양에 러시아 정교 성당을 지으라는 지시를 내렸다. 그리고 자신의 말을 잊지 않았다.

그가 극동을 여행한 지 반년 후에 북한 정교위원회 대표단이 러시아에 와서 모스크바, 하바로프스크, 블라디보스토크의 정교 성당들을 방문하고 건축 양식, 성당 벽화, 내부 장식, 의식들을 접했다. 블라디보스토크의 정교 학교 안에 있는 성 키릴과 메포지 성당을 방문했고, 교실 안까지 들어가 계율 수업을 참관하고 학생들의 음악회도 유심히 지켜보았다. 얼마의 시간이 흐르고 나면 나는 평양에 세워진 정교 성당 안에 서 있게 될 것이다.

극동 군사기지를 방문하다

하바로프스크에서 김정일은 극동 군사기지의 한 부대에 잠시 머물렀다. 그를 맞이한 사람은 기지를 총지휘하는 유리 야쿠보프 장군이었다. 운동 기구들이 쌓여 있는 군대 연병장과 축구장에는 수백 명의 젊은 병사들이 허리까지 옷이 말려 올라간 채 철봉대에서 곤두박질을 치고, 육박전을 익히고, 역기, 아령을 들어올리며 고된 훈련을 하고 있었다. 북한에서 온 손님에게 러시아 군인의 강인함, 민첩함, 지구력, 용감함을 보여주는 것이 그들의 임무였다.

기지 사령관은 김정일을 안내하면서 전투기술들을 일일이 설명했다. 탱크, 기관총, 대포 앞에서 김정일은 잠시 걸음을 멈추고 러시아 장교의 설명을 들었다. 북한 대표단이 가장 큰 관심을 보인 것은 보병용 총 BMP-2와 BMP-3, 탱크 T-80, 유도 무기, 고사포-로켓 콤퍼지션 등이었다.

김정일은 총들이 진열된 판자로 된 긴 탁자 앞에 가장 오래 서

있었다. 기관총 PPSH를 직접 손으로 쓰다듬어 보기도 했다. 2001년 풀리코프스키가 같은 총을 선물하면서, "이것이 조국의 자유를 위해 싸우고 유럽의 파시스트로부터 조국을 해방시켰으며 일본 군국주의자들에 대항해 싸운 소비에트 병사들의 무기"라고 말했다. 김정일은 흥미를 갖고 선물을 받았다.

《로동신문》에서 지도자가 군부대를 방문하면서 군인들과의 만남을 기념해 기관총들을 부대에 하사했다는 기사를 여러 번 읽은 적이 있다. 그러나 그것들은 모두 현대식 무기였던데 반해, 이제 그의 손에는 반세기 전의 전설적인 소련시대 무기가 쥐어졌다. 무기에 애착을 갖지 않는 남자가 어디 있겠는가.

반년이 지난 뒤 극동 군사기지에서 야쿠보프 장군과 대담할 기회가 있었을 때 나는 이 무기들이 실질적으로 얼마나 유용하게 쓰이고 있는지 물었다. 현재에도 이 무기들은 러시아 군대를 비롯해 다른 나라 군대의 무기로 사용되고 있다는 답변이었다. 더불어 유리 니콜라예비치는 흥미로운 사실을 알려주었다. 북한 인민군 총사령관인 김정일이 러시아로 된 무기 설명서를 주의 깊게 읽었다는 것이다.

김정일이 러시아어를 알고 있다는 확증을 하나 더 얻은 셈이다.

자동차 행렬은 군부대에서 극동군관구사령부로 향했다. 대령 계급장을 단 공보관이 본부에서는 사진과 비디오 촬영이 전면 금지되어 있다며 기자들의 출입을 막았다. 북한과 러시아 기자들의 촬영장비는 부피가 매우 크고 무거웠다. 나는 엄격해 보이는 건물 수위에게 초라한 '무기'인 펜과 노트를 보여주고, 비교적 쉽게 사령부 건물 안에 들어갔다. 촬영장비 때문에 들어오지 못하는 북한 동료들이 등뒤에서 투덜대었다.

내가 야쿠보프 장군과 개별 면담을 하면서 넌지시 이 에피소드를 이야기하자 그는 호탕하게 웃으며 자기 집무실에서의 기념 촬영을 허락했다. 뜻밖에 일이 잘 풀렸다. 키 크고 건장한 장군은 아랫사람에게 친절을 베푸는 듯한 웃음을 지으며 나란히 섰다. 그러나 애석하게도 필름을 현상해보니 다른 사진은 이상이 없는데 유독 극동군관구 사령관이 찍힌 장면만이 빛이 들어와 못쓰게 되었다. 나는 지금까지도 이것이 그저 기막힌 우연의 일치인지에 대해 의문을 갖고 있다.

나 말고도 북한의 한 사진기자가 본부에서 사진을 찍는 행운을 얻었다. 김정일이 수행원들과 함께 야쿠보프의 집무실로 들어갔을 때였다. 그 자리에서 북-러 협력의 전망에 대한 대화가 오갔다. 극동군관구 사령관은 극동 국경에서 러시아의 안전보장을 위해 관련 부대들이 해결해야 할 과제들을 늘어놓았다.

약간의 시간이 흐른 후, 100년 전 황실 육군유년학교였던 옛날식 사령부 건물에서 한 러시아 경비대 장교가 급히 뛰어나왔다.

"북한 사진기자를 즉시 들여보내!"

알고 보니 김정일이 야쿠보프와 사진을 찍고 싶다는 의사를 내비친 것이었다. 북한 통치자는 러시아 군인의 손님 접대를 특별한 존경과 신뢰의 표시로 받아들였다.

야쿠보프는 김정일과의 대화를 회상하면서, 북한 대표단 입장에서 볼 때 비밀에 부쳐야 할 예민한 군사기지의 방문을 허락한 데 대해 김정일이 큰 놀라움을 표시했다고 말했다.

"우리나라에서는 그 어떤 외부인도 고위 군 장성들의 집무실에 초대받지 못합니다. 하물며 군사기지와 사령관 집무실에 초대하는 것은 더더욱 어렵습니다."

러시아 장군은 그러나 자신의 손님들에게 어떤 비밀도 보여주지 않았고, 그들이 본 것은 국가기밀이 아닌 것들이었다고 덧붙였다. 김정일과 헤어지면서 그는 군대식 선물인 '코사크 장검'을 선물했다. 이에 반해 북한 통치자의 답례품은 매우 평화적인 것이었다. 북한의 전통 화법으로 소나무와 학이 그려진 화병이었다.

"나진항 소장이 될 생각은 없오?"

블라디보스토크 기차역에서는 지방정부 장관들이 김정일을 맞이했다. 그들은 김정일의 연해주 수도 방문일정에 대해 의견을 나눴고, 블라디보스토크의 무역항, '블라드흘렙' 회사, 쇼핑센터 '이그나트' 그리고 청소년 수련원인 '아케안'을 방문하기로 정했다. 하지만 김정일은 '아케안'은 시찰할 수 없었다. 푸틴과의 정상회담이 예정되어 있었고 그는 정상회담 전에 자유시간을 갖고 싶어했다.

강력한 태풍에 더러운 것들이 씻겨 나가고, 새롭게 칠해진 건물들, 비로 반들반들 윤이 나는 아스팔트와 새로운 도로포장용 각석을 깐 블라디보스토크는 몰라볼 정도로 멋지게 변해 있었다. 블라디보스토크는 흑해 도시 소치, 프랑스 휴양 도시 니스, 미국 거대 도시 뉴욕과 크기가 맞먹는다. 노르웨이의 탐험가 프리티요프 난센은 블라디보스토크를 나폴리와 비교했고, 소련의 니키타 흐루시초프는 블라디보스토크가 샌프란시스코와 비슷해 보이기를 소망했었다.

블라디보스토크에서 모스크바까지 거의 1만km 거리 내에서 가장 아름다운 건물 중의 하나로 인정받는 블라디보스토크의 명물은 바로 기차역이다. 1891년 5월 19일 시베리아 횡단철도 부설과 기차역 건설 때는 러시아 황제의 계승자, 미래의 러시아 황제 니콜라이 2세가 참석했다. 기차역 벽에는 미래의 시민들을 위해 황실 가족이 증정한 은제 연판이 붙어 있다.

북한 통치자가 도착하는 날, 역 광장에는 비디오 카메라를 든 기자들이 줄지어 서 있었다. 하지만 불행히도 그들은 단 한 컷도 찍지 못했다. 김정일은 하바로프스크에서 블라디보스토크로 공수된 전용 메르세데스 벤츠를 타고 곧바로 무역항으로 출발했기 때문이다.

폭풍우가 몰아치는 동해(East Sea)가 선착장에 부딪쳐 부서지고, 무엇이라도 꿰뚫어버릴 듯한 바람이 몰아치고, 얼음장 같은 비가 쏟아졌다. 폭풍우 때문에 항구의 작업은 중단되었고 북한 통치자는 실질적으로 수하물과 기계 시설 외에는 볼 만한 것이 없었다.

선착장에서 20년간 자신의 자리를 지키고 있는 미하일 로브카노프 항구 관리소장이 북한 대표단을 맞이했다. 연해주가 북한과 국경을 맞대고 있는 까닭에 그는 언제나 북한 관련 정보에 관심이 많았다. 북한 관련 자료를 많이 읽었고 주체사상을 이해하려고 노력했다. 나호트카에 있는 북한 총영사관에서 이웃나라에 대한 그의 관심을 알고 그에게 북한 정권 창설자인 김일성의 저서들을 지속적으로 보내주었다.

그는 북한 통치자가 선착장을 방문할지도 모른다는 연락을 받고 큰 영광으로 여겼다. 이웃 손님이 방문할 때는 러시아 전통에 따라 그들을 융숭히 접대해야 한다는 것이 그의 지론이었다. 나중에 로브카노프는 김정일의 방문을 회상했다.

"김정일에 대한 생각이 근본적으로 바뀌었다. 사람들은 그를 잔인한 독재자, 폐쇄적인 사람으로 간주했다. 개인적으로 나는 김정일이 교육을 잘 받았고, 교양이 있으며, 지적 훈련이 잘된 사람임을 확인했다. 그는 항만 운송과 관련해 전문가 수준의 지식을 갖고 있었으며 문제점과 실상을 정확히 파악하고 있었다."

손님이 도착하기 전 그는 공장을 죽 둘러보며 김정일 일행이 통과하기로 되어 있는 도로를 정비했다. 화물을 운송하는 단지와 컨테이너 터미널을 보여주기로 되어 있었다. 그들을 통해 항구가 얼마나 기계화되어 있는지, 어느 규모의 화물을 취급하는지 알 수 있을 것이다. 항구 지휘부는 손님에게 꽃을 안기고 환영인사를 할 아가씨를 물색했다. 수십 명의 후보자가 몰려들었다. 선발된 이들은 모두 매력적인 금발 아가씨였다. 그 가운데 한 아가씨는 누가 봐도 미인이었다. 그녀는 항구의 노동자였으며, 완벽한 러시아 미인이었다.

거대한 웅덩이를 따라 차량 행렬이 서서히 선착장에 들어왔다. 기골이 장대한 북한 경호원들이 먼저 밖으로 뛰어나왔고, 악천후로부터 손님을 보호하기 위해 항구 인부들이 급히 세운 청색 지붕의 방수 천막이 주위에 둘러쳐졌다. 꽃을 바치는 의식 이전에 북한 경호원 가운데 한 명이 아가씨에게 냅킨을 내밀었다. 아마도 손을 닦도록 알코올을 적신 종이수건인 듯했다. 하지만 김정일은 언제 어디서나 전혀 경계하지 않고 편안하게 모든 이들과 인사를 나누었다.

항구 노동자인 이 미인은 야회복을 입고서 북한 국방위원장이 도착하기 전까지 밤새 러시아 문자로 쓴 한국말 인사를 외웠다. 마침 건설 노동자로 항구에서 일하고 있는 북한 노동자들이 그녀의 서툰 한국말을 도와주었다. 그들은 또 종이에 '환영합니다, 김정일 동지'라는 글을 써주었다. 한국말을 전혀 모르는 화가가 문자를 투명 화지에 옮겨 그렸고, 그것을 관청 건물에 내걸었다.

흥분한 탓인지 혹은 추위 탓인지 벌벌 떨던 아가씨가 북한 통치자에게 꽃을 내밀었고, 로브카노프는 김정일에게 회사에 대해 설명했다. 귀빈은 항구 관리소장의 말을 주위 깊게 들었고, 자연의 포효에는 큰 관심을 두지 않았다. 하지만 그는 반(半)군대식 얇은 옷을 입고 있었고 시간이 지나면서 거센 바람이 점차 그의 몸 안으로 스며들었다. 그는 상대방의 말을 몸짓으로 잠시 멈추게 한 뒤 손으로 버스를 가리키며 그곳으로 가자고 제안했다. 다들 버스 안으로 들어가 좌석에 앉았다. 김정일이 로브카노프에게 자신의 옆자리에 앉으라고 말했다. 그들의 뒤를 따라 거의 모든 수행원들이 버스로 들어섰다. 좌석은 물론 통로까지 승객들로 꽉 찬 출퇴근 시간의 시내 간선 버스를 연상시켰다.

김정일은 항구의 작업 내용에 대해 물었다. 항구 관리소장은 북한 지도자가 한반도 북쪽에 있는 나진항의 문제점을 속속들이 알고 있음은 물론, 남쪽의 부산항까지 파악하고 있는 데 대해 깜짝 놀랐다. 김정일은 양쪽 항구의 화물 운송, 기술적 능력에 대한 정확한 정보를 알고 있었다. 얘기를 나누던 사람들은 갑자기 버스가 가볍게 흔들리는 것을 느꼈다. 차는 뒤에 있는 대표들의 리무진을 남겨둔 채 천천히 계선용 밧줄을 따라 움직이고 있었다. 러시아 연방 경호대 장교가 항구 책임자에게 버스가 움직일 수 있는지 물었던 것으로 드러났다. 그는 긍정적인 대답을 얻고서 운전수에게 말했다.

"김정일 위원장을 컨테이너 터미널로 모실 수 있겠소?"

"왜 안 되겠어요?"

늙은 운전사가 대답하고는 명령에 따라 차를 작동시켰던 것이다. 악천후 상황 속에서 이것은 매우 현명한 결정이었다. 전용 벤츠 뒤로 경자동차 행렬을 옮기는 것은 위험한 일이었다. 움푹 팬 도로와 통신 망을 감추고 있는 거대한 물웅덩이에 거의 20대의 경자동차들로 구성된 행렬의 발이 묶일 수도 있었기 때문이다. 북한 통치자가 타고 있는 버스의 운전사는 반세기 동안 항구에서 일하면서 항구 안 모든 도로의 결함을 낱낱이 파악하고 있었기 때문에 차를 가장 안전한 경로로 운행할 수 있었다.

버스 안의 대화는 계속 이어졌다. 시베리아 횡단철로와 북한 횡단 철로의 연결과 관련하여 이곳 선원들과 부두 노동자들에게 발생할 수 있는 문제점들을 북한 통치자는 꿰뚫어보고 있었다. 이는 다시 한 번 항구 관리소장의 경이감을 불러일으켰다. 로브카노프는 자신 의 견해를 피력했다.

"어떤 정부든 자신의 교통체계를 발전시켜야 하고 극동 주민들도 이 과정에 참여해야 합니다. 그것은 이미 러시아와 북한의 주도로 시작되었습니다. 우리가 노력한다면 크게 진척될 것입니다. 이제는 남한과 일본의 화물 일부가 블라디보스토크나 나호드카를 경유하지 않고 남한의 항구인 부산을 경유하게 된다면, 어떤 식으로 연해주 항구들의 손실을 보충할 것인지에 대한 방안을 강구할 필요가 있습 니다."

김정일은 블라보스토크 무역항 관리소장이 북한 나진 항구에 대해 얼마나 알고 있는지 궁금했던 모양이다. 그는 긍정적인 대답을 듣자 불쑥 예상치 못한 질문을 던졌다.

"혹시 나진항의 소장이 될 생각은 없으시오?"

그는 잠깐 주저하다가 대답했다.

"공식적인 초청이 있다면, 고려해보겠습니다."

이 대화는 사실 농담 성격을 띠고 있었다. 하지만 나중에 블라디보스토크 항의 관리소장은 "필요하다면 러시아측은 나진항의 관리자 뿐 아니라 다른 분야에서도 전문가를 찾아줄 수 있다"고 말했다. 김정일은 잇달아 나진항과 블라디보스토크 항을 연계시킬 것을 제안했다.

로브카노프는 러시아가 나진항을 몇 년간 조차(租借)하는 게 이로울 것이라고 대답했다. 나진은 북한의 주요 항구다. 중국과 인접해 있어서 중국 화물을 이송할 수 있기 때문에 나진을 다시 일으켜 세우면 연해주 항구들과 경쟁도 충분히 가능하다. 로브카노프는 먼저 북한 항구를 방문해 직접 살펴본 뒤 화물 하역과 관련해 블라디보스토크와 나진 간의 협력방안을 강구할 필요가 있다고 말했다.

버스가 컨테이너 터미널에 닿았다. 김정일과 수행원들로 초만원을 이룬 차가 정해진 자리에 도착하자마자 리무진이 바싹 다가왔다. 김정일이 자신의 전용차로 자리를 옮기자 차는 항구에서 출구쪽으로 움직였다. '메르세데스' 옆으로 세 명의 경호원이 거대한 웅덩이를 따라 일종의 '살아 있는 표적'으로 뛰었다. 리무진이 속도를 내자 달리던 용감한 청년들은 민첩하게 '메르세데스' 뒤를 따르던 차로 올라탔다.

김정일의 블라디보스토크 무역항 여정은 불굴의 정신을 가진 북한 기자들을 몹시 고통스럽게 했다. 그들은 버스에 타지 못해 단 한 장면도 찍지 못했다. 나중에 점심식사를 마친 뒤 그들은 친애하는 지도자가 시찰할 예정이었던 지역에 특별히 안내되었다. 북한 기자들은 모든 생산현장과 부두 노동자들의 일하는 장면을 카메라에 생생히 담아냄으로써 놓친 부분을 보충할 수 있었다.

선 경제개혁, 후 정치개혁의 길로

김정일은 점심을 먹기 위해 항구에서 가반 호텔로 이동했다. 로브카노프 블라디보스토크 무역항 관리소장은 김정일이 점심을 먹기 전에 호텔 객실에 들어가서 잠시 쉬면서 손이라도 씻는 게 어떻겠느냐고 제안했다. 하지만 북한 경호원은 그 제안을 거절했다. 북-러 합의에 따라 호텔 객실은 따로 준비되어 있지 않았다.

그러나 로브카노프는 만일의 경우를 대비해 특실을 준비해놓도록 지시했다. 그는 선견지명이 있었다. 김정일은 가반 호텔에 들어서자마자 호텔방에서 잠시 쉴 수 있겠느냐고 물었다. 답변을 준비하지 못한 보좌관들은 당황했다. 낭패였다! 로브카노프가 그들을 안심시켰다.

"동무들, 걱정하지 마십시오. 6층에 내빈을 위해 특실이 준비되어 있습니다."

김정일과 항구 관리소장, 그리고 경호원들이 함께 엘리베이터에

오르자 엘리베이터가 꽉 찼다. 8인승이었으나 이미 정원을 초과해 꼼짝도 하지 않았다. 몇 명의 경호원들이 엘리베이터에서 내려 계단으로 뛰어 올라갔다. 김정일은 객실로 들어갔고 경호원들은 친애하는 지도자에게 특실이 안전하다고 확신시켜 주고는 복도에 자리를 잡았다. 김정일은 객실 안에서 보좌관 한 명과 남았고, 다른 이들은 잠긴 문 뒤에서 20분 정도 시간을 보냈다.

가반 호텔에서의 점심은 북한과 러시아의 우정을 위한 인사말로 시작되었다. 로브카노프가 연설할 차례가 왔다. 그는 일어나더니 뜬금없이 김정일에게 물었다.

"김정일 동지, 제가 어떻게 말을 해야 할까요? 나진 항구의 소장으로 말할까요, 아니면 블라디보스토크 항구의 소장으로 나설까요?"

모두들 환하게 웃었다.

"나진항 소장으로서 말씀하십시오."

김정일이 말했다.

로브카노프가 말을 이어 나갔다.

"저는 나진항의 소장으로 수송인들의 문제를 잘 알고 계시는 김정일 지도자 동지를 만나는 행운을 얻었습니다. 그러나 블라디보스토크 항의 소장으로서도 저는 운이 좋았습니다. 우리나라의 지도자인 푸틴 대통령 역시 이곳 블라디보스토크에 오셔서 극동의 발전 문제에 대해 협의하셨기 때문입니다. 러시아 대통령 역시 철도 노동자들의 문제뿐 아니라 항만 노동자들의 문제를 깊이 파악하고 계십니다. 그래서 저는 두 지도자 동지를 위해 건배를 제안합니다. 그분들 덕분에 양국의 관계가 성공적으로 발전하고 있는 것입니다."

점심식사를 하면서 모두들, 특히 러시아 관계자들은 흥미롭게 북한 통치자의 발언을 경청했다. 김정일은 고르바초프 통치 시대에 옛 소련이 북한을 여러 어려운 문제들에 직면하게 내버려둔 데 대해 애석해 했다. 러시아는 먼저 정치개혁의 길을 걸었고, 이후 경제개혁의 길을 걸었다. 그러나 북한은 모든 것을 반대로 해야 했다. 그는 중국의 개혁을 주의 깊게 연구한 결과 그들의 경험을 본받아서 점차적으로 시장경제 요소들을 도입하고 그후에 정치개혁을 이루어야 한다는 결론에 도달했다고 말했다.

김정일의 목소리는 점점 높아졌다.

"고르바초프 시절의 소연방 공산당은 우리를 곤경에 처하게 만들었습니다. 그러나 이제 러시아 인민은 어떻습니까? 저는 언제나 러시아인들을 존경하는 마음으로 대했습니다. 제가 왜 열차로 여행을 하겠습니까? 저는 러시아인을 알고 싶고 러시아 정신을 느끼고 싶기 때문입니다.

그렇습니다. 실질적으로 인민은 변하지 않았습니다. 인민은 변함없이 강하고 선량하며 의지가 강합니다. 저는 콤소몰스크와 하바로프스크에서 방위산업체를 방문하면서 이 점을 다시 한 번 확인했습니다. 그곳에서 러시아인들의 잠재력과 활력을 느낄 수 있었습니다. 그들에게는 강한 정신력이 온전히 보존되어 있었습니다.

왜 제가 한 시간 내내 하바로프스크의 성당에 서서 종소리를 들었는지 이해하는 분은 많지 않습니다. 저는 그저 러시아 민족의 심금에서 나오는 정교 신앙에 젖어들고 싶었던 것뿐입니다. 저는 이미 그런 성당을 우리 수도, 평양에 짓도록 명령을 내렸습니다."

그는 수행한 건설 담당 관료에게 성당을 짓는 데 시간이 얼마나 걸리는지 물었다. "1년 정도 걸릴 것"이라는 대답이 나왔다. 이어 외무상에게 질문을 던졌다.

"당신은 외국에 있을 때 교회를 방문합니까? 그렇지 않지요. 어떻게 그럴 수가 있습니까, 당신은 반드시 그 나라 사람들이 어떻게 사는지 연구해야 합니다.”

그는 극동에 있는 러시아 화가들이 평양에 지을 성당의 내부 벽화를 그려달라는 뜻을 내비쳤다.

“신도들은 우리가 직접 찾겠습니다!”

김정일은 공산당의 역할에 대한 견해도 피력했다. “소련 연방에서 공산당은 언제나 인민 위에 군림했다”며 “공산당은 인민과 함께 있어야 하고, 인민과 떨어져서는 안 된다”고 말했다.

북한 통치자는 남북한 통일문제에 대해서도 언급했다. “한반도에 사는 모든 인민이 원하고 있기 때문에 통일은 반드시 이뤄질 것으로 믿는다”고 강조했다.

“우리 지도자들은 인민의 열망에 귀를 기울여야 합니다.”

그 외에도 많은 주제들이 다뤄졌다. 참석자들은 날씨, 어업, 맑은 장국 등에 대해 이야기를 주고받았다. 점심시간이 길어졌다. 김정일이 또다시 농담조로 로브카노프에게 말을 걸었다.

“이런 견해들에 대해 나진항 소장은 어떻게 생각합니까.”

로브카노프는 북한 지도자가 인민들 삶의 향상을 위해 국가 개혁을 잘할 수 있도록 그에게 인내, 힘, 지혜를 달라고 기원했다. 그는 김정일에게 선물로 해양용 기압계를 주면서 그 기계가 언제나 분명하게 앞으로 헤쳐 나갈 길을 보여주기를 희망했다. 항구 관계자들에게 북한 그림이 답례 선물로 주어졌다. 그림에는 비행을 마친 뒤 강가에서 휴식을 취하고 있는 학들이 광채 나는 작은 자개조각들로 붙여져 있었다.

러시아 경호팀은 귀빈 방문이 있기 전날 가반 호텔을 세심하게 검사했다. 폭발물 탐지용 순찰견을 앞세우고 호텔 내부를 샅샅이 살

폈다. 개는 심지어 환풍구까지 들여다보았고, 식당에서는 식품 창고 안까지 검사했다. 지배인은 오히려 이 개들이 식품의 안전성에 미칠 악영향을 조심스럽게 우려했다. "혹시 개가 고기를 물고 가는 것은 아닙니까?" 경호팀은 순찰견의 흥미를 끄는 것은 폭발물뿐이며, 순찰견들에게는 평소 고기를 충분히 먹인다는 말로 그를 안심시켰다.

점심을 들면서 김정일을 위해 세 명의 요리사가 '마법을 걸었다.' 김정일이 살로(돼지비계를 오븐에 구운 요리: 옮긴이주)를 좋아하는 것을 미리 알고 요리사들은 세 종류를 미리 사두었다.

도시 전염병을 막는 소임을 맡고 있는 위생청은 경비원까지 세워 놓고 음식 샘플을 분석했다. 점심시간 직전, 김정일 개인 경호팀에서 보낸 의사가 식당에 나타났다. 그는 모든 음식을 점검했다. 특히 '마트료쉬카'에 흥미를 보였다. 이것이 끓인 기름에 튀긴 아이스크림이라는 설명을 듣고 놀라워했다. 조리법과 성분에 대해 이것저것 물어보았다. 지배인은 불편해지기 시작했다.

"혹시 불만이라도 있습니까?"

"이런, 이런, 아니오. 살로가 너무 마음에 듭니다. 어떤 가게에서 살 수 있는지 알려주세요. 평양 집에 가져가고 싶습니다."

북한 손님들을 융숭하게 접대하려 한 주인들의 노력은 헛수고가 아니었다. 김정일은 살로를 맛보고 만족스러운 듯했다. 그는 고기국물이 든 '삘미니'(고기 만두: 옮긴이주)를 두 접시나 비워냈다. 그는 저녁부터 포도주에 미리 절이고 접대 전에 끓인 기름에 튀긴 개구리 다리, 잘게 간 고기와 야채, 버섯과 함께 채워넣은 매운 닭요리를 맛보았다.

"누가 이 비싼 신발을 삽니까?"

오후에 김정일은 블라디보스토크 최대의 쇼핑센터인 '이그나트'를 방문해 6층 건물 가운데 5층까지 둘러보았다. 엘레나 칼리니나 지배인이 모든 준비를 했다. 금발 여인 엘레나는 김정일이 궁금해 하는 상품 공급체계, 동업자들, 상품 거래에 대한 질문들에 대해 자신 있게 대답했다. 김정일이 수익과 관련한 물음을 던지자 그녀는 '사업상의 비밀'이라며 재치 있게 답변을 피하기도 했다.

지도자와 동행했던 유리 코필로프 블라디보스토크 시장은 하바로프스크에서 김정일이 성당을 방문했다는 소식을 듣고서는 성화 가게에 내걸린 성모 마리아 그림을 떼어내 즉석에서 김정일에게 선사했다. 가게 주인도, 김정일도 약간 당황해하는 듯이 보였다. 40분 뒤 시장의 이름으로 가게에 돈이 보내졌다. 금박을 입힌 액자로 된 성화는 200달러였다.

민속 기념품과 토산품 코너에는 오렌부르크에서 짠 털이 북실북실한 손수건이 진열되어 있었다. 이들 물건의 진품 여부는 간단하게 확인할 수 있다. 털로 된 천이 약혼반지를 통과하면 되는 것이다. 블라디보스토크 시장은 이를 김정일에게 직접 보여주기로 작정했다. 상점 여점원의 손에서 반지를 빼 진열장에서 꺼낸 표본을 그 사이로 잡아당겨보게 했다. 소품을 파는 여점원의 반지가 작아서 그랬는지, 아니면 아가씨가 흥분해서 그랬는지 손수건이 중간에 걸려 옴짝달싹도 하지 않았다. 하지만 지도자는 쭉 잡아당기는 '묘기'의 결말을 기다리지 않고 다른 가게로 발길을 돌렸다.

내가 생각하기로 김정일은 '이그나트'의 상점과 지난해 방문했던 우랄과 태평양 사이에서 유일한 국영회사인 하바로프스크 백화점의 영업 조직을 비교하고 있었다. 하바로프스크에서는 경호팀이 김정일, 그리고 국영백화점의 책임자와 통역관으로부터 멀리 떨어졌다. 그들 셋만이 백화점을 돌아다녔다. 그러나 '이그나트'에서는 김정일을 비롯해 60명이 움직였다. 북한과 러시아 대표단원들은 2층에서, 1층에는 행렬을 이룬 방문자들이 편의를 제공받고 있을 때 백화점은 평상시와 다름없이 움직이고 있었다. 하바로프스크에서와 같이 블라디보스토크에서도 김정일은 진열된 상품들이 어디서 오는지 등 꼼꼼하게 물었고 귀를 쫑긋하며 대답을 들었다.

하바로프스크 백화점에서 김정일은 프랑스와 미국에서 수입한 고급 화장품이 진열돼 있는 향수코너를 둘러보았다. 이어 외국의 유명 기업이 만든 산악 스키 장비와 운동복을 파는 코너로 들어갔다. 그는 상품들을 직접 만져보고, 손가락으로 천을 쓰다듬으며 질을 평가했다. 이탈리아와 스페인에서 수입한 남성용 신발 전시대가 그의 눈길을 끌었다. 그 가운데 가장 비싼 신발에는 1만 2천 루블이라는 가격표가 붙어 있었다. 김정일은 정말로 그런 비싼 신발의 실제 구매자가

있는지 궁금해했다. 하루에 평균 두 켤레가 팔린다는 말을 듣고 그는 상당한 거리를 두고 따라오는 일행 가운데 한 명을 불러 뭔가를 이야기했다. 그는 친애하는 지도자의 지시사항을 빠르게 노트에 적었다.

'이그나트'에서 김정일은 주류 코너에 오래 머물면서 러시아산 제품이 늘어선 진열장을 둘러보았다. 하지만 감히 누구도 북한 통치자에게 술을 선물할 생각은 하지 못했다. 시베리아 횡단철로를 따라 여행하면서 김정일은 그가 쉰 살이 되자 의사들이 음주를 자제해달라고 요구했다고 말했다. 그에겐 알코올 성분이 없는 적도포주만, 그것도 하루에 딱 한 잔 허용되었다. 김정일은 자신이 프랑스산 포도주 '보르도'와 '부르고뉴'를 선호한다고 러시아 수행원들에게 말했다.

엘레나는 우수리스크 공장에서 제조되는 술 종류들을 보여주면서 '마가목 열매가 든 코냑'을 손에 들고 이 술은 찾는 사람이 많으며 24도라 그리 독하지도 않고 맛이 좋으며 몸에 좋은 성분들을 함유하고 있다고 말했다. 김정일은 관심 있게 상표를 살펴보았다.

나중에 방문자들은 그 코너로 되돌아와 김정일이 관심을 표시한 술에 대해 질문들을 쏟아냈다. 이것은 물론 엄청난 광고 효과를 가져왔다. 반시간 만에 '마가목 열매가 든 코냑'은 동이 났다. 그 뒤 이 술은 최고의 인기를 구가했다. 그리고 김정일이 선물한 화병은 지금도 그의 '이그나트' 방문을 기념하는 뜻에서 1층에 진열되어 있다.

러시아 빵 품평회

블라드홀렙은 블라디보스토크와 연해주 지역에서 식빵, 케이크, 파이, 겹겹이 층낸 냉동상태의 반(半)가공품, 말린 가락지빵, 빵과자, 등 여러 가지 빵들을 생산하는 가장 큰 공장이다.

1903년 블라디보스토크의 황실 마구간 자리에 제과점을 짓기 시작했고, 이후 시간이 흐르면서 제빵공장으로 변신했다. 1935년부터는 러시아의 가장 많은 이들에게 사랑을 받는 빵 '포돌스키'를 굽기 시작했다. 그 제조법은 오늘날까지 변하지 않고 그대로 내려오고 있다. 지난 1990년대 말부터 '블라드홀렙'에서는 생산의 현대화가 시작되었다. 이 회사의 전문기술자들은 독일, 프랑스, 미국, 한국 등에서 연수를 받았고, 최신식 기술을 익히고 최첨단의 생산설비를 구입했다. 이후 '블라드홀렙'은 제과와 제빵 분야에 있어서 극동의 선발 주자로 나섰다. 21세기 초에는 냉동 인스턴트 제품 생산을 위한 자동화 설비가 갖춰졌다. 김정일과 그의 수행원들의 관람은 그곳에서부터 시작되었다.

북한 대표단이 지켜보는 가운데 반(半)가공품인 겹겹이 포개진 반죽이 부풀어 오르고, 모양이 갖추어지고, 서로 붙어 합쳐지고 가마에 넣어졌다. 모든 공정이 자동으로 이루어졌다. '블라드흘렙'의 수석 기술자가 설명을 했다. 자리에 함께 있던 블라디보스토크 시장은 진취적인 기업경영을 연신 칭찬했고, 시골에 있는 그의 할머니는 어떻게 빵을 만드는지 몸으로 보여주었다. 시장의 뛰어난 배우 기질 덕분에 이 과정은 매우 재미있었다. 모든 이들이 미소를 머금으며 그의 말을 재미있게 들었다.

'블라디흘렙'의 위층에 시식을 위해 회사의 거의 모든 제품들을 먹음직스럽게 진열한 테이블이 마련되었다. 테이블의 한쪽으로는 편안해 보이는 소파들이 놓였다. 환영 리셉션에 참석하기 위해 김정일이 비좁은 계단을 따라 대리석 타일로 장식된 홀에 입장했다.

그 전에 연방 경호대 요원들은 소파가 튼튼한지를 검사했다. 그들은 아름답게 장식된 파이(pie) 과자류 등을 의심스럽게 바라보다가 그들 가운데 한 명이 김정일의 자리가 어디냐고 물었다. 제과점 관계자가 중앙 소파를 가리켰다.

경호요원이 그 소파에 앉아 뒤로 등을 기대는 순간 문제가 발생했다. 소파 밑에서 뭔가 갈라지는 소리가 났고, 소파가 뒤로 흔들리더니 경호원이 나자빠졌다. 그는 벌떡 일어서서 위협적인 목소리로 즉시 소파 교체를 요구했다. 안정성 테스트를 통과한 새 의자가 놓여졌다. 경호원들이 온 힘을 다해 새로 갖다놓은 소파에 몸을 던졌다. 옆에서 보기에는 아주 우스꽝스러운 장면이었지만 경호원들에게는 유머에 대한 나름의 개념이 있었고, 일은 일이었다. 소파는 경호대원들의 거친 공격을 잘 견뎌내었고, 결과적으로 김정일에게 어떤 불편도 주지 않았다.

김정일은 왠지 점심을 거부하고, 광천수만을 원했다. 하지만 곧 숯빵을 맛보기로 정하고 이를 씹어 삼키더니 큰소리로 말했다. "이 숯빵을 드셔보십시오. 맛이 놀랍습니다." 모든 이들이 이 독특한 제품을 먹어보고 평가하기 시작하였다. 하지만 제빵회사 관계자들은 매우 당황스러워했다. 테이블에는 두 개의 작은 빵덩어리밖에 없었기 때문이다. 최대한 빨리 빵을 더 가져와야만 했다.

김정일의 등뒤로 아주 매력적인 '블라드흘렙'의 고려인 연구센터 소장이 나타났다. 김정일이 그녀에게 한국말로 말을 걸었다. 그녀는 당황해하며 미소를 지었고 그녀를 돕기 위해 통역관이 다가오자 기뻐했다. 나중에 그녀는 김정일의 질문은 이해했지만 자신이 한국어를 평소에 전혀 쓰지 않았기 때문에 대답을 할 수 없었다고 말했다. 고려인 '비너스 김'은 러시아에서 태어나 러시아가 모국이었다. 하지만 집에서 부모님이 조상들의 언어로 말했기 때문에 한국어를 조금은 알아들었다.

그녀는 의학적으로 질병 예방효과가 있는 숯빵에 대해 설명했다. 숯빵에는 사람들의 소화를 돕기 위해 섭취하는 활성화된 숯이 15%나 함유되어 있었다. 사실 숯빵은 언젠가 '블라드흘렙'의 고위 관계자가 북한에 출장을 갔다가 그곳에서 블라디보스토크로 들여온 것이었다. 그는 '숯제품'의 조리법을 익혀왔고, 회사는 검고 보기에는 별로 매력적이진 않지만 건강에는 매우 좋은 빵을 굽기 시작했다.

김정일은 평양에서도 이런 빵을 만들 수 있는지 물어보았다. 관계자들은 이를 위해서는 설비를 갖추고 제빵기술자들을 교육시키는 일이 중요하다고 답했다. 빵을 평가한 이후 평양의 귀빈들에게 빵, 빵과자, 파이, 건포도가 든 과자, 가락지빵 등이 선물로 제공됐다.

그중 가장 큰 선물은 '승리'라고 이름이 붙여진 3층짜리 케이크였다. 2001년 모스크바에서 열린 '케이크와 빵' 전시회에서 대상을 받아 '러시아 100대 상품' 콩쿠르의 우승자가 되기도 했다. 북한 대표단에게는 또 그젤(푸른 그림이 그려진 러시아의 전통적인 사기 그릇: 옮긴이 주)로 만든 차 도구일체가 주어졌다. 반대로 '블라드흘렙'에는 정물화에서 자주 그려지는 즙이 많은 과일들, 사과, 배, 포도 세트가 기념으로 남았다.

평양 대표단은 윙윙거리는 바람을 맞으며, 세차게 후려치는 빗줄기에 몸을 떨면서 '블라드흘렙'에서 나왔다. 6명의 북한 경호원은 평소처럼 '메르세데스'를 따라 뛰었다. 자동차가 움직였고, 그들은 뒤로 처지지 않고 씩씩하게 나란히 달렸다. 3분이 지난 뒤 그들은 대열을 재정비하고 능숙하게 뒤차에 올라탔다.

북한 대표단원들은 교외에 자리잡은 청소년 수련원 '아케안'을 둘러보기 위해 떠났고, 김정일은 레일 위에 있는 '작은 공화국'인 자신의 기차로 돌아갔다. 그날 저녁, 러시아 대통령 블라디미르 푸틴과의 정상회담이 기다리고 있었다.

시베리아 철도 연결을 합의한 두 정상

두 정상은 평양에서 2000년 7월에, 그리고 2001년 8월 모스크바에서 만났다. 2001년에 김정일이 모스크바에 머무르는 동안, 그에게는 크렘린 안의 관사가 배정되었다. 그는 오전에 알렉산드르 정원에서 무명용사의 묘에 선명한 붉은꽃, 과꽃, 작약으로 된 꽃다발을 바쳤다. 크렘린 탑시계 소리가 울리는 가운데 천천히 붉은 광장에 들어와 한국말로 '김정일이 레닌에게'라는 문구가 적혀 있는 꽃다발을 세계 프롤레타리아트의 지도자 묘에 바쳤다. 그는 꽃다발의 리본을 바르게 하고는 절을 하고 묘로 들어가 몇 분간 머물렀다. 스탈린이나 다른 소련 사회주의 연방 공화국 지도자들의 묘지에는 방문하지 않았다. 그의 붉은 광장 방문은 명예 위병 대장에게 손을 내미는 것으로 마무리되었다. 북한 통치자의 아버지인 김일성 역시 1986년 소비에트 연방 방문시 레닌 묘를 참배했다.

푸틴 역시 2000년 여름, 평양 방문을 김일성 전 주석에게 헌화하는 것으로 시작했다. 1994년부터 위대한 수령 김일성이 방부 처리된 채 미라로 존재하고 있는 금수산 기념궁전은 북한 주민들에게 주요 참배지가 되었다.

크렘린 궁전의 녹색 객실에서의 푸틴과 김정일의 만남은 우호적인 분위기 속에 진행되었다. 그들은 서로 인사를 나누며 포옹했다. 양국 정상은 처음에는 단독 회담을 가졌고, 이후 주요 수행원들이 참여한 확대 회담으로 이어졌다. 국제정치, 아시아 태평양 지역에서의 국제관계, 시베리아 횡단철도와 북한 횡단철도의 연결 문제가 논의되었다. 이들은 대화를 마치면서 러시아연방과 북한 사이의 역사적인 '모스크바 선언'을 채택했다.

이날 북한 국방위원장인 김정일을 위해 러시아 대통령 초청 공식 만찬이 열렸다. 만찬에는 양측에서 50명 정도의 인원이 참석했다. 푸틴이 먼저 북한 귀빈들에게 인사말을 했다.

존경하는 김정일 동지!
존경하는 북한 귀빈 여러분!
신사 숙녀 여러분!
러시아의 심장인 모스크바의 크렘린에 오신 여러분을 진심으로 환영합니다. 바로 여기, 이 홀에서 1984년과 1986년 북한의 김일성 주석을 위한 축하연이 열린 것은 상징적인 의미를 지닙니다. 제가 확신하기로 조선인민민주주의공화국 지도자의 자격으로 김정일 동지가 우리나라를 첫 방문함으로써 양국 관계의 발전에 새로운 장이 마련될 것이고, 신뢰에 바탕을 둔 효과적인 정치 협상은 계속될 것입니다.

러시아의 옛 속담에 "십년이면 강산이 변한다"라는 말이 있습니다. 사실 짧은 시간에 사람들의 삶이 변화하고, 새로운 시대와 가치가 도래합니다. 그럼에도 불구하고 우리에게는 양 민족의 우호와 다양한 분야에서의 협력이라는 오랫동안 변하지 않는 전통이 있습니다. 이 전통들은 시간의 시련을 견뎌내고, 조선이라는 독립국가가 형성되던 시기에 강화되었고, 전후 국가 부흥 시기에 공고해졌습니다.

바로 이런 것들이 1년 반 전에 맺은 양국의 우정, 우호, 협력에 대한 협약의 토대가 되었습니다. 이 역사적인 문건은 상호존중과 창조적인 동반자 정신으로 양국관계를 맺고자 하는 러시아와 북한 인민들의 상호 열망을 증명하고, 우리의 상호영향력의 증대를 위한 기본 토대가 되었습니다.

오늘날 우리는 쌍무협약의 '저금통'을 다 채웠습니다. 그리고 국제적이고 실질적인 문제들에 대한 러시아와 북한의 공통된 접근방식을 고착화하는 모스크바 선언이 채택되었습니다.

러시아는 국제관계의 올바르고 안전한 체계를 마련하는 데 협력할 준비가 되어 있습니다. 그리고 세계적인 현안들에 대한 이런 접근법은 북한의 대외정책 목적과 원칙에 부합한다는 것은 매우 중요한 사실입니다.

러-북 협력의 핵심 과업의 하나는 무역·경제 연계의 확장입니다. 이웃국가들도 참여하는 공동 경제활동은 막대한 경제적 파급 효과로 이어질 것으로 확신합니다. 이는 동북아시아의 정세에 유익하고 건전한 영향을 미칠 것입니다. 따라서 러시아는 북한뿐만 아니라 남한과도 다면적이고 실질적 협력의 준비가 되어 있음을 강조하고 싶습니다. 확신하건대, 이런 접근 방법은 한민족과 그 지역 전체의 이익에 완전히 부합할 것입니다.

지난해 여름 평양에서의 북한과 남한 지도자들의 역사적인 만남은 그간의 상호 노력의 중요한 결과이자, 북한 영도자의 지혜와 정치적 책임의식의 결실이었습니다. 우리는 화해, 협력과 통일의 길을 향한 이 결정적인 진전을 환영합니다. 진심으로 바라건대, 북한에서 내린 쉽지 않지만 언제나 신의, 성실에 기초한 결정들이 북한과 남한이 상호 선언문에서 언급한 목표에 도달하는 데 도움이 되기를 기원합니다.

북한 주민들의 조국 통일에 대한 열망을 공유하는 데 있어서 우리는 일방적인 이윤을 추구하지 않습니다. 따라서 러시아의 이익은 한민족의 이해, 즉 한민족 전체의 계몽과 그 지역에서 평화와 협력의 확립, 국제 안전의 강화와 부합합니다.

존경하는 친구 여러분!

저희는 오늘의 만남을 지난해 여름 평양에서 시작된 대화의 논리적인 연장선상으로 간주하고 싶습니다. 상호 신뢰의 정신을 보존하고, 상호 이해를 심화시키기 위한 공통의 토대를 마련하는 것이 필수적이라고 생각합니다.

존경하는 김정일 동지, 당신과 모든 조선인민민주주의공화국 시민들의 행복, 성공, 번영을 기원합니다.

러-북의 전통적인 우호관계의 강화와 발전을 위해, 북한 국방위원장 김정일 동지의 건강을 위해, 이 자리에 배석하신 모든 북한 및 러시아 귀빈들의 건강을 위해 건배를 제안합니다.

이에 대해 김정일은 이렇게 답하였다.

존경하는 블라디미르 블라디미르비치 푸틴 대통령 각하!

러시아의 친구 여러분!

푸틴 대통령 각하, 당신이 저희를 정중하게 초대해주시고, 성대한 환영식을 열어 그토록 아름다운 연설을 해주신 것에 대해 감사드립니다.

저희는 새 시대에 접어든 북-러 우정의 발전에 대한 밝은 전망을 안고 귀하의 국가를 방문하였습니다. 그리고 이번 러시아 방문 중에 강한 러시아를 건설하고자 하는 애국적인 열정과 의지로 충만해 있음을 확인하게 되어 매우 기쁩니다.

오늘 러시아연방은 전 세계에서 평화와 안정 유지, 그리고 국제관계에서 우호적인 협력 분위기의 형성을 위한 적극적인 대외정책과 열정적인 노력으로, 국제사회의 지대한 관심을 끌고 있습니다.

저희는 대통령 각하께서 국방 강화와 경제력 강화, 사회·정치적 안정과 민족 계몽의 보장을 위해 지속적으로 노력하고 계신 것을 잘 알고 있습니다. 그리고 이 부분에서 귀국의 큰 성공이 있기를 충심으로 기원합니다.

새로운 세기로 접어들면서 오랜 역사와 전통을 가지고 있는 북-러 우정을 발전시키는 것은 양국 민족의 공통의 의지입니다. 북한 정부와 인민은 희망으로 가득찬 새로운 세기에도 향후 북-러 우호의 강화와 발전을 위해 모든 노력을 기울일 것입니다.

새 세기의 첫해에 모스크바에서 이루어졌던 블라디미르 블라디미르비치 푸틴 대통령과의 만남이 양국 정부와 인민 간의 전통적인 우호관계의 강화에 지대한 의미를 가질 것으로 확신하는 바입니다.

저는 북-러 우호관계의 강화와 발전을 위해, 블라디미르 블라디미르비치 푸틴 대통령의 건강을 위해, 여기에 참석하신 모든 분의 건강을 위해 건배를 제안하고 싶습니다.

크렘린의 화강암 궁에서 러시아와 북한의 건배가 울려퍼졌고, 오케스트라 연주단은 러시아와 북한의 국가를 나지막하게 연주했다. 이 국가(國歌)들은 서정이 풍부하고, 쉽게 따라 부를 수 있다는 점에서 서로 유사했다. 김정일은 오케스트라 연주단에 다가가 아름다운 연주에 대해 치하했다.

러시아 대통령은 북한 통치자가 8월 8일 상트 페테르스부르크에서 돌아오는 길에 모스크바에 들렀을 때 한 차례 더 김정일과 만났다. 공식 일정상에는 그들의 두번째 만남은 예정되지 않았다. 하지만 푸틴의 오찬 초대장이 김정일에게 도착했다. 이는 김정일에게도 예상 밖의 일이었다. 그는 이날 트레지야코프스카야 박물관, 다이아몬드 전시실, 무기 박물관 등을 방문하기로 되어 있었기 때문이다. 북한에서 온 손님은 푸틴의 초대에 답하려 기쁜 마음으로 오찬에 참석했다.

예정에 없던 만남은 김정일에게 푸틴에 대한 좋은 인상을 각인시켰다. 폴리코프스키에 따르면 북한 통치자는 그 뒤 하산 역에 도착할 때까지 계속 이 만남을 회상했다.

"만일 (푸틴이) 나를 외교적으로 대했다면 나도 외교관이 되었을 것이다. 푸틴은 나를 허물없이 대했고, 나도 그에게 흉금을 털어놓았다. 지금 '동반자 관계'라든지 '전략적 동반자 관계'와 같은 다양한 외교 용어들이 쓰이고 있다. 나는 푸틴 대통령에게 우리 관계에서 그런 식의 용어를 사용할 필요는 없노라고 말했다. 푸틴 역시 동의했다. 우리에게는 솔직함이 필요하다. 외신들은 모스크바 선언문에 우리 사이에 '전략적인 동반자 관계'에 대한 언급이 없는 점에 주목했다. 이제 그들은 이것이 아무런 의미도 없다는 것, 우리 관계는 실질적으로 과거와 같은 협력관계로 돌아섰음을 깨닫고 있다. 나는 '동반자'가 되고 싶지 않다. 친구간에는 '동반자'라는 말을 쓰지 않는다."

풀리코프스키는 푸틴이 받은 인상도 귀띔해주었다. 푸틴은 자신이 북한 지도자에 대한 온갖 악소문을 들었으나 김정일은 교양을 갖춘 사람, 국제관계를 잘 파악하는 지적인 정치가, 유머 감각이 있는 사람, 다른 이들처럼 음악과 영화를 좋아하는 인물임을 확인했다고 말했다. 푸틴의 첫 평양 방문 이후 외국 기자들은 김정일이 정상적인 사람이 아니라 '악마와 같은 폭군'인 것처럼 기사를 쓴 바 있다.

2002년 8월 북-러 정상간의 블라디보스토크 회동은 연해주 수도 근처에 있는 주정부 영빈관에서 이뤄졌다. 저녁식사 역시 공식 일정상 정해진 시간보다 두 배나 길어지는 바람에 러시아와 외국 기자단들이 김정일이 연단에 나오기를 기다리다 지쳐버렸다. 푸틴이 그에게 한 마디 해달라고 요청했으나 김정일은 정중하게 거절한 것으로 전해졌다.

양국 정상의 2시간 대화 내용은 단지 푸틴이 기자단에게 밝힌 내용만 알려졌다. 푸틴은 회담에서 시베리아 횡단철로와 한반도 종단철로의 연결이 가장 비중 있게 다뤄졌다고 밝혔다. 그는 다음과 같이 덧붙였다.

"우리가 지금 하지 않는다 해도 이것은 반드시 이뤄질 것입니다. 단지 그때는 이웃인 중국의 동의와 영토를 포함해야 가능할 것입니다."

다음날 기차역에 배웅 나온 러시아연방 교통부 장관과 작별하면서 김정일은 다시 물었다.

"그러면 우리가 철로를 건설하는 건가요?"

겐나지 파제예프 교통부장관은 이 프로그램의 실현에 참여하고자 하는 러시아 정부의 의사를 재확인해주었다. 한반도 종단철도의 북한 지분은 781km가 될 것이다. 재건설해야 할 철로 761km에는 많은 터널과 다리가 함께 지어질 것이다. 시베리아 횡단철도와 한반도 종단철도를 연결하는 프로젝트가 실현된 뒤에는 한반도에서 유럽까지 현재보다 10일에서 12일 정도 더 빠르게 화물을 운반할 수 있게 된다.

21세기 북러 해군 협력의 신호탄

늦은 저녁 러시아 대통령과의 정상회담을 마치고 돌아온 북한 통치자를 위해 도시 관광일정이 대기하고 있었다. 블라디보스토크는 '금뿔'이라는 작은 만에서 반사되는 작은 불들로 반짝거렸다. 단지 몇 사람들만 김정일이 대잠수 순양함 '아드미랄 판텔레예프'('판텔레예프 제독'이란 뜻: 옮긴이주)에 승선한다는 것을 알고 있었다. 이는 양국 해군 협력의 재개를 위한 신호탄으로 여겨졌다.

지난 세기 말 소련과 북한 해군 간의 협력은 매우 돈독했다. 1985년 8월 북한에 '토프(TOF)(태평양 함대: 옮긴이주)' 소속의 대잠수함 '탈린'과 두 척의 초계정 '포르이비스트이('돌발적인'이란 뜻: 옮긴이주)'와 '리야느이'가 북한을 방문했다. 1986년 7월 한반도 북단에 항공모함 '민스크'와 대잠수함 '아드미랄 스피리도노프'와 초계정 '리야느이' 그리고 유조선 '아르군'이 들어왔다. 이러한 방문은 소련과 북한 간의 우정, 협력, 상호 원조에 대한 협정 체결 이후 25년간이나 이어졌다. TOF 함정들이 원산항에 정박했을 때 북한 장교들은 소련 해군의 기술, 문서, 법규, 지침들에 큰 관심을 보였다. 그 뒤 이들은 공동 군사훈련 시에 자신들의 지식을 활용했다. 그들 중에 많은 이들이 러시아어를 아는 해군 장교들이었다.

북한 해군 함정의 첫 소련 방문은 1986년 7월 25일~29일에 이뤄졌다. 북한의 함정을 지휘하는 김이철 제독의 지휘 아래 초계정과 두 척의 작은 순시선이 블라디보스토크에 들어왔다. 북한 해군들은 소비에트연방 함대의 날 경축식에 참석했다. 이때 블라디보스토크에는 소련 공산당 중앙위원회의 총서기장이었던 미하일 세르게예비치 고르바초프가 머물고 있었다. 그는 7월 28일 고리키 극장에서 연설하면서, 아시아 태평양 지역에서의 새로운 대외정책을 발표했다. 당시의 성대한 모임에는 북한의 소련 연방 대사인 이두율과 김이철 제독이 참석했다.

소련 해군의 북한 방문은 1988년 5월 12일부터 16일까지 5일간 원산항에 항공모함 '노보시비르스크'와 대잠수함 '아드미랄 자하로프' 그리고 수뢰정 '보에보이'로 구성된 TOF에 의해 성사됐다. 김일성 주석은 함대의 공식 대표단을 평양에서 맞이했다.

"북한 방문에서 받은 인상이 매우 선명하게 남아 있습니다." 필자가 그들을 만났을 때 해군들은 그때의 북한 방문을 자세히 기억하고 있었다. 그들은 평양 체육시설의 장엄함, 막강한 서해 해군기지, 세계적 수준의 아름다운 호텔에 매우 감탄했다.

그 당시 러시아 해군 대표단은 새벽 4시에 일어났다. 각자에게 개인 자동차가 할당되었다. 한 시간이 지난 뒤 모두에게 차, 커피, 가벼운 아침식사가 제공되었다. 다시 차와 운전수를 교체한 후 길을 떠났다. 그런 과정이 다음 역에서 반복되었다.

구불구불한 산길의 끝에 아름다운 초대소가 있었다. 내방객들을 맞이하기 위해 김일성이 계단을 내려오고 있었다. 그는 북한의 아름다운 자연을 묘사한 그림을 배경으로 기념사진을 찍자고 제안했다.

필자가 인터뷰한 이들은 그들이 김 주석에게 전달한 선물이 온전한 상태로 보존되어 있는지 궁금해 했다. 매일 수천 명의 방문객들이 찾는 묘향산 국제친선전람관에서 나는 러시아 해군들이 당시 선사한 기념품들을 바라보며 오래도록 자리를 뜰 수가 없었다. 이들의 선물들이 묘향산의 세계적인 문화유산보관소에 정중히 잘 보관되어 있는데 놀라지 않을 수 없었다.

1988년 7월~8월에 블라디보스토크는 다시 한 번 북한 해군들을 맞이했다. 그리고 TOF 함대의 마지막 북한 방문이 1990년 8월에 이뤄졌다. 이때 원산항에 대잠수함 '마르샬 샤포슈니코프'와 초계정 '포르이비스트이'가 입항했다. 사흘 뒤에는 북한의 수뢰정, 초계정, 구축함이 블라디보스토크를 방문했다. 그러나 21세기 들어서 러시아와 북한 간의 해군 협력은 텅 빈 백지상태였다.

저는 이미 돌아오고 있습니다

8 월 24일, 김정일의 러시아 극동지역 방문 마지막 날의 아침 햇살이 눈부셨다. 조찬을 위해 '산림 개간지' 식당에서 김정일을 기다렸다. 최고의 솜씨 좋은 요리사들이 교외의 식당에 좋은 평판을 가져다 준 '들새 요리'를 정성껏 준비했다. 개간지 영지 내에 있는 우리 안에는 공작새 한 마리가 거대한 부채 같은 다채로운 깃털을 흔들면서 위엄 있게 거닐고 있었다. 공기 속에서 침엽수림 내음이 짙게 풍겼다. 김정일의 아침 산책은 길지 않았다. 곧 북한으로 돌아가야 했기 때문이다.

다시 러시아 땅 하산에서 김정일을 위한 송별회가 열렸다. 차에서 내린 김정일이 계단을 따라 가볍게 내려왔다. 매번 그가 나오기 전에 북한 직원이 흰 손수건으로 정성껏 난간을 닦곤 했는데, 이번에는 왠일인지 그 모습이 보이지 않았다.

땅에 나란히 세워진 가로 1.5m, 세로 1m인 두 개의 선물용 그림에

비춰진 태양이 무지개 빛으로 영롱하게 반사되어 퍼지고 있었다. 광채 나는 진주 자개 조각을 여러 가지 모양으로 박아 붙이는 전통적인 북한의 공예기법으로 그린 그림에는 아름다움, 조화, 장수를 상징하는 학들이 묘사되어 있었다. 학은 러시아에서는 찾아볼 수 없다. 다른 그림에는 북한에서도 서식하는 활짝 핀 만병초가 있는 해안가 자연 풍경이 그려져 있는데, 이 선물은 연해주에서 북한으로 가게 될 것이다.

환송식은 예정된 시간을 넘어 진행됐다. 김정일은 '김일성의 집'으로 알려진 '소조(蘇朝)친선각'에서 한동안 생각에 잠겼다. 언젠가 그의 아버지가 머물곤 했던 곳이다. 이후 그는 자신의 전용차로 올라탄 뒤 환송객들에게 오랫동안 손을 흔들었다.

"김정일 동지, 다시 오십시오."

러시아 관료들이 인사했다.

“저는 이미 돌아오고 있다고 말씀드릴 수 있습니다.”

서구에서 부르는 ‘신비스런 은둔자’는 인상적인 인사말을 남기고 북녘 땅으로 향했다.

제2부

올가 기자의 북한 기행

김정일 사진전을 열다

2002년 8월 김정일의 극동지역 순방이 끝날 때쯤 취재기자로서의 나의 임무도 끝이 났다. 나는 평상적인 일상으로 돌아왔으나, 김정일의 극동 여행에 대한 인상을 다른 사람들에게 전하며, 그에 대한 이야기로 꽃을 피웠다. 나는 직접 찍은 사진들을 사람들에게 보여주었다. 아마추어 작가의 사진들은 분명히 직업 사진작가들의 공식적이고, 의전적인 사진과는 차이가 났다.

나는 권력에 둘러싸여 있지만 보통 사람들에게서 찾아볼 수 있는 감정을 가진 인물, 김정일의 내면세계를 사진 속에 담아낼 수 있었다. 사진에 나타난 김정일의 모습은 다양했다. 때로는 엄격하고, 폐쇄적이고, 인내심이 없어 보이기도 하나, 제스처를 많이 쓰고, 미소를 짓기도 하고, 큰 웃음을 터뜨리기도 했다.

어떤 사진 속의 그는 뭔가를 뚫어지게 쳐다보고 있었다. 그때 나는 3m 정도 떨어진 가까운 곳까지 그에게 다가설 수 있었다. 그 사진을

들여다보고 있노라면 그는 마치 "나에 대해 뭘 또 알고 싶으신가요?" 라고 묻고 있는 것처럼 보였다.

블라디보스토크에서 김정일 사진전을 열어야겠다는 결심을 했고 마침내 2003년 2월 14일 사진전이 열렸다. 풀리코프스키 전권 대사, 지역 및 시 정부의 기관장들, 중앙 및 지방 방송국과 신문사의 기자들, 주요 나라의 영사관 직원들, 나호트카 주재 북한 총영사관의 외교관들, 일반 시민과 많은 친구들이 전시회에 들렀다. 이들은 호기심에 가득 찬 모습으로 여러 사진들을 구경했다.

그때 문득 이 사진전을 평양에서도 열면 어떨까 하는 생각이 떠올랐다. 하늘은 스스로 돕는 자를 돕는 법인가. 그로부터 한 달 후 나는 북한의 중앙전시관 관장을 블라디보스토크에서 만날 수 있었다. 그리고 그와 함께 거의 반년 동안 사진전을 준비했다. 사진전 주최측에서는 평양 전시회의 명칭으로 '극동에서의 주목할 만한 위대한 발자취'를 제안했다. 마침내 사진전은 2003년 8월 30일에서 9월 30일까지 평양에서 성대하게 열렸다.

우선 북한 지도자 동지의 해외활동을 보여주는 150여 장의 사진들이 눈앞에 펼쳐졌다. 매일 적어도 1,500여 명의 북한 주민들이 전시관을 방문했고, 공경스런 눈빛으로 친애하는 지도자 동지의 동정들을 지켜보았다. 개막식에는 국방위원회, 내각, 외교부 고위 관료들, 안드레이 카를로프 주 북한 러시아 대사, 대사관 직원들, 북한 건국 55주년을 기념하기 위해 아시아 및 아프리카 각국에서 찾아온 귀빈들 및 수천 명의 평양시민들이 참석했다. 9월 초순에는 북한 건국일을 맞아 초청받은 풀리코프스키 전권 대사가 전시장을 찾았다.

세계를 향해 창을 여는 북한

나는 2주 동안 잘 알고 있던 평양 시내의 고층 호텔인 고려호텔에 머물렀다. 객실에 들어가자마자 텔레비전을 켰는데 5개의 채널이 나와 깜짝 놀랐다. 두 개의 중국 프로그램과, 일본, 영국, 그리고 평양 방송이 나오고 있었다. 불과 1년 전만 해도 정부의 공영방송만 볼 수 있었는데⋯⋯. 이제 북한은 세계를 향한 창을 활짝 열어놓은 것 같았다. 나중에 안 일이지만 5개 채널의 프로그램은 위성안테나를 설치해야만 볼 수 있었다.

호텔 객실의 전화는 소음이 많이 들렸고, 수화기를 들면 뚜뚜뚜 하는 '통화중' 신호음이 들렸다. 전화요금은 돈을 지불해야 했고, 1층에 있는 교환수를 통해서만 시내로 연결될 수 있었다. 저녁에 블라디보스토크로 전화를 걸었는데 불과 3분 통화에 18달러라는 적지 않은 요금이 부과되었다. 굳이 비교하자면 블라디보스토크에서 도쿄에 3분 통화하는 데 9.5달러가 들고, 베이징에 통화하는 데는 11달러가

든다. 또한 고려호텔의 교환수들은 어떤 경우에도 미 달러를 받으려 하지 않아 요금을 지불하기 위해서는 번거롭게 환전소에 가야만 했다. 지난해부터는 특별법에 따라 유로화가 유통 외화로 쓰이고 있다.

호텔 안에서 나의 핸드폰은 끊겼다. 하지만 북한에서의 무선통신망은 나날이 발전하고 있다. 북한의 고위 공직자들은 최신 모델의 핸드폰을 소지하고 있었다. 물론 외국인도 국내이동통신망에 가입할 수 있다. 다만 매달 1천여 달러의 비싼 사용료를 지불해야 하는 게 흠이었다. 국제이동통신망 가입자 역시 비슷한 요금을 내야 한다.

당시 고려호텔에는 제주도지사를 비롯해 남한에서 온 30여 명, 북한 아이들에게 성악 레슨을 하기 위해 이탈리아에서 온 음악 선생, 아내와 함께 온 독일 인쇄대학 교수, 베른에서 온 스위스 기업인들, 도쿄에서 온 재일 한국인들, 민스크에서 온 백러시아 자동차 제조업체 관계자들, 상하이 발레단원들이 묵고 있었다. 이외에도 김정일을 국방위원회 위원장으로 선출했던 북한 최고인민위원회 대표들이 있었다.

나는 대동강의 작은 섬 가운데 세워져 있는 '양각도'라는 또 다른 호텔도 둘러보았다. 43층까지 올라가보니 전망 좋은 회전 식당이 있었다. 그리고 다시 맨 아래층으로 내려왔다. 그곳에는 외국인들이 편히 휴식을 취할 수 있는 카지노가 있었다. 몇몇 사람들로부터 들은 바에 따르면 도박으로 하룻밤에 수만 달러를 잃는 사람도 있다고 한다. 이 호텔에서 멀지 않은 곳에 자리 잡은 볼링장에는 젊은이들로 연일 붐볐다. 북한의 볼링팀은 강팀으로 소문나 있다.

평양에 있는 또 다른 명물인 류경호텔 높이는 105m에 달하며 범선의 외양을 갖추고 있다. 이 호텔은 아시아에서 가장 높은 건물이 될 수도 있었으나, 투자가 끊기는 바람에 '범선'의 맨 꼭대기까지 10여

층을 완성하지 못한 채 건설이 중단되었다. 그러나 이 호텔은 북한이 외국인 여행객을 위해 문호를 전면 개방했을 때 진가가 나타날 듯하다. 언젠가는 외국인을 위한 일종의 등대가 될 것이라는 생각이 들었다.

매력적인 네거리의 여경(女警)들

북한에는 넓은 자동차 도로들이 동서로 쭉쭉 뻗어 있다. 북한의 수도인 평양과 40여km 떨어진 남포항을 잇는 도로는 비행기 활주로를 연상시킨다. 대로는 양방향 5차선 차로를 염두에 두고 건설되었다. 청년들에 의해 건설된 평양-남포 간 고속도로는 분명히 미래형 도로이다. 이 도로는 마치 끝없는 승용차와 화물차의 행렬을 수용할 수 있도록 만들어진 것 같다. 이 자동차들의 행렬은 머지않아 북한에서 쉽게 찾아볼 수 있으리라고 믿고 싶다.

도시의 도로에서는 브레이크를 밟을 필요가 없다. 시속 100km의 속력으로 대부분의 거리를 달릴 수 있고 중간에 어떤 방해도 받지 않는다. 수도인 평양에도 교통체증은 거의 없다. 트람바이(전동기차), 트롤레이버스(전동버스), 버스, 자전거를 타고 가는 사람들, 차체에 사람들이 올라탄 트럭들이 '크라운', '코로나', '렌드크루저', 'BMW', '벤츠' 등과 평화롭게 어울려 지나간다. 휘발유값은 러시아와 대동소

이하다.

북한의 보행자들은 좀 특이한 면이 있다. 이들에게는 도로교통법 같은 것이 없는 듯 보였다. 원하면 언제든지 원하는 곳에서 길을 건너간다. 보행자들은 운전자들에게 자기식대로 표현하며 조용히 길을 건넌다. 운전자들에게 마치 마음에 안 들면 돌아가라는 식의 몸짓을 한다.

정말 매력적인 사람들은 평양 시내에서 교통정리를 하는 여성 경찰들이다. 고려호텔은 평양 시내의 네거리 근처에 위치하고 있기 때문에 내 방의 창문을 통해 마치 근사한 잡지의 표지에 나올 듯한 아가씨들의 멋진 제스처를 매일 넋을 놓고 바라볼 수 있었다. 그들은 아침 8시에 출근해 저녁 8시에 퇴근한다. 밤과 일요일에는 여경들이 쉰다. 이때는 운전자들이 스스로 교통질서를 지켜야 한다. 여경의 근무 교대는 크렘린 광장에서의 초병 교대를 연상케 한다. 절도 있는

걸음걸이와 무표정하지만 자부심에 가득 찬 자세로 근무 교대 의식
을 치른다.

　일년에 두 달, 네거리의 여경들 대신 교통신호등이 작동한다. 기온
이 그늘 아래서도 30도를 넘어 햇볕 아래 3시간씩 서 있는 것이 대단
히 위험한 6월과, 영하 20도에 세찬 바람이 불어 여경들이 자칫 눈사
람이 될 위험이 있는 11월에는 교통신호등이 여경을 대신한다.

평양 세느 강에서의 저녁만찬

사진 전시회 개막일에 북한의 중앙전시관 관장이 러시아 언론인을 위한 만찬을 베풀었다. 만찬은 고려호텔의 식당에서 베풀어졌는데, 북한의 독특한 전통 음식들이 풍부하게 나왔다. 북쪽 사람들의 손님에 대한 환대는 정말로 한도 끝도 없었다. 이에 보답하는 의미에서 우리도 만찬을 베풀고 싶다는 의견을 피력했고, 전시관 관장과 직원들을 어디로 초청하면 좋을지 알아보았다. 평양 주재 이타르-타스 통신원이 평양에는 훌륭한 음식이 나오는 식당과 카페가 굉장히 많다고 귀띔하며 특히 '단고기'라는 이름의 식당을 추천했다. 거기서는 훌륭하게 요리된 개고기가 나온다고 했다. 우리는 그저 그에게 감사하다고 말했다.

그리고 아주 우연하게 크지 않은 동력선이 대동강변에 정박해 있고, 선상 식당이 있다는 사실을 알게 되었다. 이 식당은 해산물과 어류로 조리한 음식으로 유명했다.

어느 날 저녁 우리 일행의 관광일정이 강변에서의 산책으로 끝났다. 대동강의 수면은 잔잔했고, 강 가운데에 있는 두 개의 분수대만이 물을 뿜어 올리고 있었는데, 이 분수대의 높이는 150m나 되었다. 선상 식당의 상갑판으로 연결된 크지 않은 트랩을 따라 만찬에 참여한 사람들이 줄지어 서서, 넋을 놓고 이 광경을 바라보았다. 대동강 하류는 예로부터 신비로운 자연 경관으로 유명하다.

한국전쟁 당시 평양은 엄청난 폭탄 투하로 인해 폐허가 된 바 있다. 그러나 믿기 어려울 정도의 근면함과 평양에 대한 애정을 지닌 주민들 덕분에 오늘날 평양은 넓은 대로들을 갖추게 되었다. 그 중에서도 폭이 100m에 이르는 광복로와 조국 통일을 상징화한 의미 있고 극적인 기념비들을 갖춘 통일로가 규모면에서 압도한다.

평양은 유리와 콘크리트로 이루어진 고층 건물들이 들어선 현대식 도시이며, 여기에 한국식 건축양식이 특별한 매력을 더하고 있다. 평양에는 엄청난 규모로 사람을 놀라게 하는 장엄한 혁명기념비들이 많다. 그 중에는 김일성의 청동상, 이씨 조선시대의 청동 종, 고려시대의 6각 파고다 탑, 6세기 중반의 대동 시문(市門) 등이 볼 만하다.

평양은 70여 개 이상의 공원과 아름다운 분수들이 있는 도시이다. 공원과 분수는 인민대학습당과 만수대 예술극장 사이를 장식하고 있다. 체육의 전당 근처에는 한 호수에 600여 개에 달하는 분수대가 설치되어 있고, 또 다른 호수에는 1,200여 개의 분수대가 70여m 높이로 솟구쳐 장관을 이룬다. 평양은 그야말로 깨끗하고 손질이 잘된, 아마도 세계에서 가장 잘 정돈된 도시일 것이다. 어떻게 이런 도시에 여행객들이 붐비지 않는지 이해가 안 될 정도다. 앞으로 평양은 분명히 세계인들이 즐겨 찾는 도시가 될 것이다.

옛날부터 대동강에는 바닷물이 들어와 염분이 없는 강물과 바닷물이 한데 섞였다. 썰물 때는 마치 거대한 펌프처럼 강물을 끌어당겼다가 밀물 때는 바닷물이 평양까지 들어왔었다. 이러한 자연현상은 강과 바다가 점진적으로 구분되면서 중단되었다. 대규모 건설공사가 시작된 것이다. 콘크리트 제방을 설치하여 선박의 밧줄이나 쇠사슬을 묶을 수 있게 했고, 자동 하역장치와 같이 물이 소용돌이치는 곳에 토양을 하적할 수 있도록 특수 제작된 화물선을 건조하였다. 기초 제방 둑은 250m에 달하고, 상부는 15m 정도다. 이러한 인공 제방의 총 길이는 8km에 이르렀다.

오후 늦게 우리는 이 제방을 따라 차를 달렸다. 왼쪽에는 대동강이 펼쳐져 있었고, 오른쪽으로는 서해가 눈에 들어왔다. 제방에는 철도와 보행로도 놓여 있었다. 강물과 바닷물을 나눈 후, 건축가들은 36개의 수문과, 배가 지나갈 때 양쪽으로 젖혀지는 통행다리를 건설하였다. 서해의 수력발전소는 인민군에 의해 5년에 걸쳐 건설되었다. 대규모 건설공사를 짧은 기간에 이루어낸 것이다.

우리가 석양빛 아래의 선상 식당에 앉아서, 강변으로부터 바라본 평양의 모습은 마치 도시 전체가 가까이할 수 없는 장엄한 기념비 같았다. 갑자기 배가 흔들리더니 우리가 앉아 있던 반대 방향으로 나아가기 시작했다. 일주일에 3번 선상 식당은 항구를 떠나 대동강을 따라 항해한다고 한다.

이국적인 정취와 안락함의 측면에서 이 항해는 파리의 프랑스인들이 여행객들에게 제안하는 세느 강변의 저녁 여행만큼이나 훌륭했다. 그러나 세느 강은 많은 여행객들에게 알려져 있는데 반해, 이곳 평양은 그렇지 않다는 차이가 있다.

선상 식당의 살롱에 식탁이 준비되었다. 가스로 가열된 세 개의 프라이팬 위에는 신선한 어류와 오징어와 낙지가 요리되고 있었다. 이 파티에서 가장 훌륭한 요리는 은박지 위에서 구워진 숭어였다. 웨이터는 바로 몇 시간 전에 대동강에서 잡은 것이라고 말했다.

"이것이 항구에 낚시 도구를 들고 서 있던 아이들이 잡은 것이란 말입니까?"

내가 건넨 농담에 웨이터는 숭어가 평양, 순천, 남포 등의 도시 근처 대동강변에 위치한 어업 농장에서 양식된다고 진지하게 설명했다. 나는 "로동신문에서도 나온 적이 있지만, 이러한 생산물이 외부 사람들에게 많이 알려진다면 좀더 큰 의미를 갖게 될 것"이라고 말했다.

살롱 중간에 대나무 병풍이 쳐지면서 홀이 두 개로 나뉘었다. 2시간쯤 지나자, 병풍 뒤에서 들려오는 목소리가 점점 생기를 띠고, 말소리와 웃음소리가 커지더니 합창소리가 들리기 시작했다. 보통 러시아 사람들은 큰 연회에 익숙한 편인데 그런 나에게도 참으로 놀라운 광경이었다. 옆에 있던 사람들은 남한 사람들이라고 했다. 2년 전만

해도 이런 일은 상상도 할 수 없는 일이었다. 물론 그렇게 보자면
선상 식당에서의 만찬도 마찬가지다.

묘향산의 신비

지금까지 북한에 가려면 누군가의 초청장을 받아야 했다. 유감스럽게도 북한의 관광산업은 매우 낙후되어 있다. 최근 러시아의 극동지방은 관광산업의 새로운 인기 지역으로 부상하고 있다. 2003년 가을, 하산 지역의 대표가 중국의 훈춘과 북한의 나진지역 정부 대표가 참여한 관광산업 분야에 대한 3자 협의체에 참여한 바 있다. 이 협의체의 기본 계획은 중국과 북한 관광객이 하산 지역을 방문할 수 있고, 러시아 관광객은 인접 국가의 지역을 자유롭게 방문할 수 있게 하자는 것이었다.

중국은 이미 무비자로 북한을 방문할 수 있다. 중국 관광객들은 묘향산에 있는 향산호텔에서 쉽게 볼 수 있다. 100~150여 명의 사람들이 중국 접경지대로 버스를 타고 내려와 북한의 이국적 정취가 풍기는 곳에서 하루 동안 머문다. 연해주 지방에는 '하산-나진-칠보-하산' 간 운행노선이 개설되었다. 우선 하산 역에서 두만강 역까지 철도가 연결되고, 나진에서 칠보산 산악지역까지 다시 철도가 이어진다. 관광프로그램에는 2천여 년의 역사를 지닌 고산지대의 불교사찰 방문과 만폭계곡 관광이 포함되어 있다. 나진의 해안에는 여행객들을 위해 '황제(emperor)' 호텔이 지어져 있다.

연해지방의 전문가들 견해에 따르면 북한 여행은 인기를 끌 것으로 전망된다. 비교적 비용이 저렴하고, 호텔 서비스 또한 대단히 훌륭하기 때문이다. 세계에서 찾아보기 힘든 훼손되지 않은 천혜의 자연 풍광은 확실히 많은 여행객을 끌어들일 만하다. 또 수영 등 피서를 즐길 수 있는 환경은 하바로프스크, 마가단, 캄차트카, 사할린 및 야쿠츠크 등 추운 지방에 사는 사람들의 구미를 당길 것이다.

북한의 명승고적 가운데 '금강석'이라는 뜻을 가진 금강산은 국내뿐 아니라 외국에서도 이름이 나 있다. 많은 전설과 속담 및 격언들은 금강산의 비범한 아름다움과 관련되어 있다. "금강산을 보지 않고는 아름다움을 논하지 말라.", "금강산을 보지 않은 사람은 북한을 보지 않은 것이다." 이쯤 되면 꼭 가보지 않으면 못 배길 법하지 않은가.

우리의 북한 방문 프로그램에도 산행이 포함되어 있었으나 금강산이 아니라 다른 산이었다. 처음엔 못내 서운했으나 기기묘묘한 바위들과 깊은 계곡, 보석 같은 물보라를 뿌리는 폭포 등이 있는 묘향산에 오르자 나는 다시 한번 한반도의 자연에 매료되고 말았다.

묘향산에 오르기로 한 전날 저녁부터 날씨가 변덕을 부리기 시작했다. 하늘이 흐려지면서 계곡 위로 낮은 구름이 깔렸다. 급기야 출발 아침녘에는 비가 내리기 시작했다. 그러나 안개나 이슬비, 그리고 등산화가 없다는 이유가 나를 머뭇거리게 만들진 못했다.

등반이 시작되는 광장에 50여 명의 북한 등산객들이 모여 있었다. 그 중에는 고등학생도 있었고, 손자들을 데리고 온 50대 가량의 중년

부부도 있었고, 아이들과 함께 온 젊은 부부들도 있었다. 아이들 중에 가장 어린 아이가 세 살 정도 됐는데, 부모는 폭이 넓은 벨트를 등에 묶어 아이를 태우고 있었다. 러시아에서는 이런 장면을 '캥거루'라고 부른다. 몇몇 사람들이 우산을 펴 들었고, 모자를 쓰고 있던 몇 사람들은 그 위로 수건을 뒤집어썼다. 그러나 대부분의 사람들은 비가 많이 오면 뭘 써봐야 마찬가지라는 듯 맨몸으로 산을 오르기 시작했다. 가이드는 북한 사람들에게 이 등산로가 인기가 높아 여행 시즌에는 방문객이 3천여 명에 이른다고 말했다.

묘향산은 북한의 북서쪽에 자리잡고 있으며, 묘향산맥의 중심부에 위치하고 있다. 엄청나게 다양한 동식물과 조류가 서식하고 있으며 만폭 계곡에는 숲이 울창했다. 등산로를 벗어나 숲 속으로 열 발자국만 더 가면 정말 호랑이를 만날 것만 같았다. 전설에 따르면, 호랑이는 옛날부터 바위에 새겨진 부처님 앞으로 사람들을 데려갔다고 한다. 무성하게 자라나는 노간주나무에서 나는 수지 냄새가 코를 찔렀다. 경이로운 풍경과 넋을 잃게 만드는 향기가 '묘향(妙香)'이라는 이름을 낳았다고 한다. 낮은 관목 소나무와 측백나무가 계곡을 부드러운 녹색 카펫으로 물들이고 있었다.

산행은 정상인 비로봉까지 이어진다. 정상까지는 25km 정도인데, 산길이 가파르기 때문에 등반과 하산을 하는 데 이틀이 꼬박 걸린다. 우리는 하루 일정밖에 없었기 때문에 짧은 등반을 할 수밖에 없었다. 만폭은 '10만 폭포의 계곡'이라는 뜻이다. 몇 개의 폭포가 있는지 세어보지는 않았으나, 각각의 폭포들은 제 나름대로의 특징들을 가지고 있었다. 전설에 따르면, 비선(飛仙) 폭포에서는 무지개를 타고 하늘에서 지상으로 내려온 선녀들이 미역을 감는다고 한다.

옛부터 한국 사람들은 폭포에서 미역 감는 매혹적인 선녀의 모습을 화폭에 담는 것을 즐겨했다. 비오는 날이라 그들이 내려오지 않았기 때문인지 비선대에서 선녀들을 볼 수 없었다. 그러나 무지개가 나타나자 신비한 현실이 나타났다. 태양이 모습을 드러내자마자 무지개가 나타났다. 간단히 설명할 수 있는 현상이지만, 신비한 느낌을 떨쳐버릴 수 없었다. 반짝이는 물줄기가 50여m 위에서 물보라를 만들며 떨어진다. 그리고는 태양 빛이 폭포수에 굴절되며 일곱 빛깔의 무지개를 만들어냈다.

아래쪽 광장에서 계곡의 정상까지 여행객들을 위해 바위를 따라 계단이 만들어져 있다. 여행 가이드의 설명에 따르면, 그 계단은 1만 3천여 개에 이른다고 한다. 가끔 산에 오르는 등산객의 수가 두 배가 될 때도 있다고 한다. 암석을 통과하는 것이 불가능한 곳에는 높고 거의 수직에 가까운 난간 있는 선박 모양의 트랩이 설치되어 있다.

모든 등산로 양쪽에는 난간이 처져 있다. 철제 난간은 안전장치일 뿐만 아니라 손으로 지탱할 수 있는 지지대 역할을 했다. 등산로는 기암 절벽 사이로 나 있어 멀리서 보면 마치 바위들이 거대한 고래의 입처럼 등산객을 빨아들이고 있는 듯하다. 등산객들은 바위 등을 통해 거의 기다시피 지나가야 했다.

가파른 절벽들은 구름다리로 연결되어 있다. 그것들 중 하나인 유선교를 지날 때 충분히 안전한지 확인해야겠다는 생각이 들었다. 어떤 곳에서는 다리의 한쪽에서 다른 쪽으로 점프를 해서 뛰어넘어야 하는 곳도 있었다. 나는 유선교 중간쯤에서 살짝 흔들어 봄으로써 안전을 확인했다. 하지만 나쁜 버릇은 전염되는 법이다. 우리 뒤를 따라오던 초중학생들이 친구들과 함께 이 30m 길이의 다리를 마구 흔들기 시작했다. 그러나 선생님들은 그들을 진정시키지 않았다.

산을 오르는 것보다 내려오는 것이 더 힘들었다. 계속 아래 폭포

쪽으로 떨어질 듯이 신발이 미끄러졌다. 우리는 조망대 옆의 평평한 곳에 이르자 숨을 고르기 위해 잠시 쉬었다. 그곳에는 정상으로부터 하산하던 사람들이 있었다. 그들은 웃고 재잘대며 물을 마시고 있었다. 우리 또한 갈증으로 목이 타고 있었다.

사람들은 나에게 플라스틱 병과 빈 잔을 내밀었다. 그리고는 폭포에서 나온 물이라는 몸짓을 했다. 나는 기꺼이 환대를 받아들여 물을 마시고는, "나도 폭포에서 손바닥으로 물을 받아 마시긴 했지만, 이제 보니 여러분들이 폭포수를 다 퍼가셨군요"라며 역시 제스처를 통해 응수했다. 등산객들은 웃음을 터뜨렸고, 내가 한국어로 "감사합니다"라고 말하자 더 크게 웃으며 고개를 끄덕였다.

북한 인민시장을 들여다보다

가능하면 나는 초청하는 쪽의 요구에 따르는 편이다. 사진을 찍지 말라고 하면 사진기를 놓고 다녔으며, 북한에서는 왜 외국인에게 자유로운 이동이 제한되는지 등을 물어보지 않았다.

하루는 아침운동을 하기 위해 호텔을 나와 운동장을 찾아 나선 일이 있었다. 고려호텔 주변에 학교가 있는 것을 알고 그 학교로 향했다. 학교 입구에 철조망이 쳐져 있었고, 철조망 사이로 축구장과 체조용 늑목과 횡목, 그리고 그 밖의 간단한 체육시설들이 눈에 띄었다. 러시아에서도 옛 소련 시절에는 모든 학교에 그러한 체육 광장을 세워야만 했었다.

아이들이 작은 문을 통해 학교로 들어가고 있었다. 나는 담장을 훌쩍 뛰어넘어 철봉체조를 할 수도 있었다. 하지만 잠시나마 그런 생각을 한 나 자신을 쑥스럽게 생각하며 호텔로 되돌아왔다. 그리고 내가 잠깐 사라진 동안 북한 초청자에게 상당한 근심을 끼쳤음을 깨달았다.

러시아에서 여러 자료 등을 통해 나는 북한의 시장에 대해 익히 알고 있었다. 시장에 가면, 실제 물건 가격과 평양 시민들의 구매력을 판단할 수 있으리라 생각했다. 그러나 안타깝게도 외국인이 시장을 방문하는 것은 허용되지 않았다. 혹시나 해서 시장을 방문할 수 있는지 물었으나 답을 얻을 수 없었다. 다행히 북한 군부대를 방문하는 길에 우리는 시장 가까이 접근할 수 있었다.

우선 길다란 담장을 따라 난 좁은 길을 걷고 있는 주민들의 행렬이 나의 눈길을 끌었다. 모든 사람들이 짐을 들고 있었다. 여자들은 커다란 호박만 한 꾸러미를 머리에 이고 있었는데, 크기가 꽤 커 보였다. 남자들은 뭔가로 가득 채워진 자루들을 수레에 얹어 끌거나, 등에 지고 있었다. 자전거에 쇠로 선반 모양을 만들어 짐을 싣고 타거나, 끌며 걸어가는 사람들도 있었다. 아이들은 깡총깡총 뛰며 달려가고, 부모들은 그들을 잡으려고 쫓아갔다. 이 정겨운 모습은 러시아의 시골 시장에서도 흔히 볼 수 있는 익숙한 풍경이었다.

'인민 시장'은 축구 경기장만한 크기였고 돌로 만든 울타리는 3m 정도의 높이였다. 입구 정면 안쪽으로는 안벽이 세워져 있어 입구에서 사람들이 오른쪽과 왼쪽, 두 방향으로 나뉘어 들어갔다. 외부인은 더 이상 안쪽을 들여다볼 수 없었다.

오늘날 북한에는 배급표가 없어졌으며 임금이 껑충 뛰었다. 이와 함께 교통비, 연료비, 주거비, 식비 및 상품 가격도 덩달아 올랐다. 아이들의 유치원 비용이 증가되었고 주민들은 이전에는 무료였던 주거지에 대해서도 비용을 지불해야만 한다. 몇몇 사람들에게 직접 물어보았더니 봉급은 약 20여 배 뛰었다고 한다. 하지만 여전히 물가 상승에 못 미치는 수준이라는 이야기다. 비록 정부의 배급체계가 존재하고 있기는 하나 근저에는 시장 메커니즘이 돌아가고 있음을 추측할 수 있었다.

향산호텔에 머물고 있을 때였다. 호텔 근처를 걸으며 사진을 찍고 싶었다. 짐을 머리에 이거나 가방을 손에 든 북한 여인네들이 지나갔다. 소년단 넥타이를 매고 손가방을 든 초등학생들이 재잘거리며 지나가고, 자전거를 탄 남자들도 내 옆을 스쳐갔다. 나는 그들에게 한국말로 인사했고, 그들도 친절하게 응대했다.

그러나 내가 그들을 사진에 담아도 되느냐고 묻자 고개를 가로저으며 걸음을 재촉해 황급히 자리를 떴다. 나는 통역관에게 정말 북한 사람들이 외국인과 대화하는 것이 금지되어 있고 사진기 앞에 포즈를 취할 수 없느냐고 물었다. 그는 통상적인 답변을 했다.

"사람들이 당신을 항상 이해하는 것은 아닙니다."

북한 사람들의 부지런함과 근면성은 참으로 놀랄 만하다. 전 국토의 10%만을 경작지로 쓸 수 있는 나라에서 북한 사람들은 한 뼘의 땅덩어리라도 소중하게 개간한다. 나는 큰길에서 벗어나 식목을 해 임업지가 된 곳으로 접어들었다. 3㎡ 정도의 산기슭은 1㎡씩 평평한 구릉지로 변모되고 있었다. 작은 땅조차도 그렇게 이용되고 있었던 것이다. 평평한 밭이랑에서는 주인들이 조심스럽게 흙을 덮어 심어 놓은 종자들이 푸른 새싹으로 돋아나고 있었다.

큰길에서 멀지 않은 곳에 두 채의 건물이 서 있었다. 호텔 직원들이 살고 있는 건물인 듯했다. 그 뒤로 불이 환하게 밝혀진 호텔이 보였다. 5층짜리 건물은 각 방 천정에 달린 네온등으로부터 흐릿한 불빛이 새어 나오고 있었다. 드문드문 불 꺼진 창문도 보였다. 이 건물로 가는 길에는 2m 정도 높이의 긴 울타리가 쳐져 있었다. 울타리의 폭은 아래쪽이 80cm 정도, 위는 50cm쯤 되었다. 울타리는 경작지에서

골라낸 크고 작은 돌들로 시멘트를 바르지 않은 채 쌓여져 있었다.

북한 주민들의 일상적인 삶 속으로 쏟아지는 호기심 어린 외국인들의 시선을 인기척이 없는 담장들이 빈틈없이 막고 있었다. 게다가 북한에서는 1970년대부터 통계자료들이 개방되지 않고 있다. 통계의 대부분이 대략적인 것이고, 항상 믿을 만한 것도 아니다. 통계상의 숫자가 믿기 어려울 정도로 부정확하다. 내가 평양 인구수를 물을 때마다 들은 숫자는 항상 달랐고 그 차이가 100만 명에 이를 정도였다. 여러 자료에 따르면 북한의 수도에는 150만에서 250만의 인구가 살고 있는 셈이다.

그에 비하면 여행 가이드들은 정말 놀랄 정도로 정확한 데이터를 갖고 있다. 그들은 평양 방문객들에게 역사적이고 혁명과 관련된 기념물들에 대해 대단히 자세하게 설명한다. 기념 건축물의 높이라든가, 이를 건축하는 데 사용된 동이나 화강암의 양은 꼭 알려준다.

북한 노동당 창당 50주년을 기념하여 세워진 기념물에 대해 설명하는 와중에 관광가이드는 다음 사항을 강조한다. 건물의 높이가 50m에 이르는데, 이는 50주년을 기념하기 위한 것이다. 낫과 망치와 붓으로 에워싸인 정상의 원형 화강암의 지름은 42m에 이른다. 낫과 망치와 붓은 농민, 노동자, 지식인의 연합을 상징하는 것이다. 42라는 숫자는 우연히 나온 숫자가 아니라 김정일의 출생 연도인 1942년과 관계가 있다. 원형 화강암에는 216개의 화강석이 있는데, 이는 위대한 지도자 동지가 2월 16일에 태어났기 때문이다 등등.

한번은 주체사상탑을 관람하고 있을 때인데, 여행 가이드가 기념탑의 높이가 170m이며 가운데 기둥의 높이가 150m이고, 횃불의 높이가 20m라고 했다. 기념탑의 토대에는 20,550개의 화강암 판석이 있는데, 이는 김일성의 생존일수라고 설명했다. 판석 위에는 김일성화와 목련화가 놓여 있다. 목련화는 조선민주주의인민공화국의 상징이다. 이 기념탑은 북한의 초대 주석이며 주체사상의 창시자인 김일성의 탄생 70주년을 기념하여 만들어진 것이기 때문에 70송이의 꽃이 놓여 있다. 주체사상은 자주국방에 기초한 자주국가의 이념이 근간을 이루고 있다. 기념탑의 정상에 오른 후, 나는 특별한 관심을 가지고 붉은색 돌로 만들어진 20m 길이에 4각형 모양을 한 기둥과 횃불을 관찰했다.

평양은 밤이 되면 어둠 속으로 사라지지만, 확고부동한 주체사상을 상징하는 활활 타오르는 이 횃불만은 도시 상공에 높이 빛나고 있다.

금수산 기념궁전에서

1994년에 사망한 북한의 초대 주석 김일성은 금수산 궁전의 유리 방탄 석관 속에 잠들어 있다. 풀리코프스키를 단장으로 하는 러시아 사절단이 금수산 궁전을 처음 방문한 때는 2002년 2월이었다. 2003년 9월 나는 두번째로 김일성의 묘를 참배했다.

전날 김일성 묘에서 어떻게 행동해야 하는지에 대한 지침이 전달됐다.

"위대한 사람을 만나러 가기 때문에, 가장 좋은 옷을 입으셔야 합니다. 금수산 궁전에서는 사진을 찍을 수 없습니다. 주머니에서 만년필이나 노트를 꺼내서도 안 됩니다. 말을 해서도 안 되며, 정숙을 유지해야 합니다. 김일성 주석께는 세 방향에서 절을 해야 합니다. 발에 한 번하고, 왼쪽과 오른쪽에서 절을 하십시오. 머리맡에서 절하는 것은 금지되어 있습니다. 당신 옆에 있는 사람이 하는 것을 잘 보시고 그대로 따라 하시면 됩니다."

이른 아침 호텔에서 나와 개선문 근처에 있는 운동장으로 갔다. 여기에서 몇몇 외국인 그룹이 모이기로 되어 있었다. 우리 대표단 명부를 확인한 후, 열다섯 대의 자동차 행렬이 금수산 기념궁전으로 출발했다.

그리 오래 걸리지는 않았다. 우리는 간선에서 트람바이선(전동기 차전용노선)을 가로지르는 큰길로 방향을 틀었다. 두번 더 방향을 바꾸자, 아름다운 석조 갤러리 앞에 늘어선 사람들의 행렬이 보였다. 여기가 금수산 기념궁전으로 들어가는 입구인 셈이다. 우리는 4인 1조로 나누어 줄을 섰다. 잠시 서 있다가 천천히 앞으로 나아가기 시작했다. 우리 뒤로는 20여m나 되는 다른 행렬이 따라오고 있었는데, 이들은 군인들로 청색 바지와 여름 제복을 입고 있었다. 그들의 얼굴엔 슬픔의 빛이 역력했다.

우리는 에스컬레이터를 탔다. 측면이 개방된 갤러리는 점점 커다란 플라스틱 창으로 닫힌 갤러리로 변해갔다. 한쪽으론 물이 가득 찬 커다란 운하가 보였고, 다른 쪽에 김일성 초상화가 걸린 커다란 금수산 기념궁전이 눈에 들어왔다. 마치 지하철역으로 내려가듯이 아래로 내려갔다. 창문들이 사라지고 전기등으로 밝혀진 길이 나타났다. 에스컬레이터로부터 사람들이 차례차례 내려 특수 경찰대 앞으로 다가갔다. 그들은 지뢰탐지기와 유사한 특수 장비를 가지고 방문객을 검사했다.

빠르게 진행되던 관람객의 행렬이 1.5m 정도 간격으로 벌어지며 점차 밀리기 시작했다. 금은색 실로 수놓은 검은 한복을 입은 미녀들이 20~30m 길이로 도열해 있었다. 200여m의 에스컬레이터를 지나 전신을 소독할 수 있는 녹색 칸막이로 들어갔다. 우리는 마지막 검색기에 다가간 뒤 한 명씩 진공 소제실과 같은 곳으로 들어갔다. 이 진공 소제실은 양면으로부터 조용히 닫혔고 강력한 진공청소기가 옷에서 모든 먼지를 흡수해버렸다. 이제 우리는 완전히 살균 소독되어, 청동유리 아래 잠들어 있는 김일성에게 어떠한 박테리아 위협도 줄 수 없는 사람으로 바뀌어졌다.

진공 소제실을 나온 우리는 엘리베이터를 타고 위층으로 올라갔다. 어둑어둑한 복도를 따라 천천히 걸어간 우리는 마침내 70㎡ 정도의 전시실로 들어섰다. 김일성 묘 안의 정적은 놀랄 만했다. 40여 명 정도가 전시실 안에서 동시에 움직이고 있었음에도 불구하고, 발자국 소리조차 들리지 않았다. 전시실 중앙에 댓돌이 놓여 있었는데, 여기에 북한의 초대 주석인 김일성이 인공기 아래 잠들어 있었다. 주변에는 2m 정도의 키가 큰 초병들이 서 있었다. 그들은 마치 굳어버린 조각상 같았다. 넓은 가죽 혁띠에 권총 지갑을 차고 있었다. 우리는 김일성 묘에 다가가 머리를 세 번 조아렸다.

계속해서 '추모관'으로 자리를 옮겼다. 우리는 일제 녹음기를 받아들고 벽 쪽으로 안내되었다. 벽에는 아버지 수령 동지를 잃은 북한 인민들의 슬픔을 표현한 양각이 새겨져 있었다. 녹음기에서는 깨끗한 러시아어로 애절한 목소리가 흘러나오고 있었다. 북한 주민들이 주석의 죽음을 애도하며 10일간 쉬지 않고 눈물을 흘렸다는 사실을 상기했다.

김일성 생전에 금수산 궁전은 20여 년에 걸친 그의 공식 거처였다. 주석의 사망 후, 이곳은 북한의 새로운 지도자인 김정일의 주도 아래 김일성의 묘로 조성되었다. 처음 몇 년간 방문객들은 마치 붉은 광장의 레닌 묘 근처에 서 있는 사람들처럼 비가 오나 눈이 오나 노천에 서 있어야 했다. 방문객들이 겪어야 하는 이러한 불편함을 보고 김정일은 악천후로부터 방문객들을 보호할 수 있는 갤러리를 짓도록 명령했다. 그리하여 갤러리가 건축물의 조화를 깨뜨리지 않는 범위에서 기념관에 들어선 것이다.

나는 방명록에 서명하라는 제안을 받았다. 금수산 기념궁전은 모든 방문자의 서명을 보존하고 있었다. 서명을 남긴 사람 가운데는 미국의 매들린 올브라이트 전 국무장관, 푸틴 러시아 대통령 등도 있었다.

기념궁전은 공원과 연결되어 있었다. 찌는 듯한 정오의 폭염을 내뿜고 있는 날씨였다. 그늘 아래 벤치나 우산 밑으로 들어가고 싶었다. 거대한 광장은 풀과 낮은 관목으로 녹색 숲을 이루고 있었다. 같은 높이의 나무들이 두 줄로 멀리까지 뻗어 있었는데, 그 모습이 마치 자를 대고 높이를 맞춰 잘라 놓은 것 같았다. 광장에는 수영장이 있었는데, 수면 위로 백조들만 여유롭게 떠다니고 있었다.

갤러리로부터 여성 군인들이 쏟아져 나왔다. 우리가 머무는 동안 북한 건국 55주년을 기리는 군사 행진이 있었는데, 여군 부대의 행진은 대단히 멋졌다. 크지 않은 키에 연약한 모습을 하고 사랑스런 꽃과 같은 모습의 여군들이 절도 있는 행진을 통해, 강직한 모습으로, 필요한 경우 조국 수호를 위해 자신들이 우선적으로 나아갈 것임을 보여주었다.

그 순간 인공호수에 나타난 작은 돛단배가 큰 혼란을 가져왔다. 흰 날개를 가진 새들이 우아함을 잊은 채 마치 배를 뒤집어버릴 기세로 사방에서 배로 몰려들었다. 배에서 사방으로 먹이를 던져주기 시작하자 인공 호수에는 즐거운 혼란이 발생했다. 이 모든 장면은 참으로 흥미진진했다. 새떼들이 몰려 있는 근처 잔디에는 총각, 처녀들이 모여 있었는데, 그들은 햇볕을 즐기며 웃고 떠들며 젊음을 만끽하고 있었다.

인생이란 지속되는 법이다. 비록 위대한 인물들이 사라진다 해도 인생이란 이어지는 법이다. 동양 속담에 이런 말이 있다.

"시간은 떠나가지 않는다. 우리가 시간을 통과해 갈 뿐이다."

김일성을 구한 영웅, 야콥 노비첸코

평양의 고려호텔 가까이 중앙 철도역이 있다. 반세기 전 이곳에서 김일성의 생명을 노린 폭탄 테러사건이 발생했다. 당시 테러사건에 대해 여러 차례 들은 바 있었기 때문에 이 역사적인 장소를 꼭 방문하고 싶었다. 하지만 안타깝게도 김일성 주석의 생명을 구한 소련 장교의 공로를 기리는 기념비는 발견할 수 없었다.

당시 폭탄테러 사건은 1946년 3월 1일 한 대중 집회에서 발생했다. 야콥 노비첸코는 자신의 부대원과 함께 경계 근무를 서고 있었다. 그때 김일성이 올라섰던 연단 쪽으로 수류탄이 날아왔다. 야콥은 몸을 날려 수류탄을 잡았으나 주위는 사람들로 꽉 차 있어 수류탄을 던질 마땅한 곳이 없었다. 이날 집회는 30여만 명의 인파가 모였다. 할 수 없이 옛 소련 장교는 자기 몸으로 수류탄을 감싸 안았고, 수류탄은 그의 몸 안에서 폭발했다.

이 극적인 사건에 대한 뒷이야기들은 적지 않다. 노비첸코는 이

집회에 나가기 전 책을 읽고 있었는데 마지막 순간에 읽던 책을 허리 띠를 맨 외투 속에 집어넣었다. 이 책이 무시무시한 폭발물에 직접 노출되었고, 장교는 크게 다쳤다. 팔이 잘려져 나갔고, 파편이 눈에 박혔으나 노비첸코는 극적으로 살아남았다. 김일성은 그의 영웅적 행동에 감사하는 뜻으로 다음과 같은 서명이 새겨진 시가(CIGAR) 케이스를 선물했다.

'북한 인민위원회 위원장 김일성이 영웅 노비첸코에게.'

북한 병원에서 퇴원한 뒤 노비첸코는 아내와 여덟 살짜리 딸이 기다리고 있는 고향 노보시비르스크 지역의 트라브노 마을로 돌아갔다. 나중에 노비첸코는 아이들을 더 낳아 모두 다섯 명의 자식을 길렀다. 그의 삶에서 극적인 변화는 전쟁이 끝난 후 거의 40여 년이 흐른 뒤 다시 일어났다.

1984년 소련을 방문한 김일성 주석은 생명의 은인을 찾아나섰다. 그리고 노보시비르스크에서 그들의 운명적 만남이 이루어졌다. 그 뒤 북한의 지도자는 이 시베리아 사람과 따뜻한 관계를 유지했다. 노비첸코는 가족과 함께 해마다 북한을 방문했다. 그는 북한의 영웅이란 칭호를 부여받았고, 북한에서 가장 존경받는 훈장 가운데 하나인 '금 훈장'을 수여받았다.

김정일도 러시아 방문길에 기차가 노보시비르스크에 정차해 있는 동안, 여든두 살이 된 노비첸코의 미망인과 그의 아이들을 만나보기로 했다. 기차는 노보시비르스크에 아침 6시에 도착했고 밖에는 비가 내리고 있었다. 김정일은 러시아 사절단이 배석한 자리에서 노비첸코의 가족에게 선물을 주었다. 북한의 통치자인 김정일은 이 옛 소련 장교가 죽기 전까지 안부를 주고받았다. 두 사람의 교류는 노비첸코가 평양을 방문했을 때 이뤄진 것으로 알려졌다.

시베리아 유배 한국인의 46년 만의 가족상봉

제 2차세계대전은 한반도에 엄청난 재난을 가져왔고, 수많은 가족들을 해체시켰다. 나에게 자신의 비극적인 삶을 털어놓은 한국인 이씨도 그런 사람들 중 하나였다.

소련군이 북한을 일본 지배로부터 해방시키고, 미국이 남한을 자유롭게 했던 1945년, 한 도시에서 한국인이 해방군에 어떤 태도를 취해야 하는지 논의하는 회담이 열리고 있었다. 이 회담에 참석한 이씨는 한국은 소련의 후원도 미국의 후원도 필요하지 않다는 입장을 취했다. 이 사실은 자연스럽게 소련군의 귀에 흘러들어가 결국 유배된 소련인들의 운명과 같이 그도 5년간 자유를 상실하고 시베리아로 쫓겨났다. 그의 집에는 한 살부터 여덟 살 사이의 아이들 다섯 명이 남겨졌는데, 그때 그의 나이가 마흔 살이었다.

시베리아 벌목장에서 5년간의 노역을 마친 이씨는 유배지로부터 자유의 몸이 되었으나 조국으로 돌아갈 수 없었다. 소련과 다른 국가들 사이에 '철의 장막'이 드리워졌던 것이다. 결국 그는 시베리아의 한 도시에 있는 경공업 종합 공장에서 제화공으로 일했다. 러시아어를 잘 몰랐기 때문에, 구두 밑창에 못을 박고 닳은 구두 뒤축을 꿰매는 일만을 할 수 있었다. 그러나 다른 한국 사람들처럼 그도 부지런했기 때문에 공산당 돌격작업반원이 되었으며, 사회주의 경쟁의 우승자가 되었다. 그는 은퇴한 후 가족의 생사도 모른 채, 혼자 고독하게 시베리아에서 1978년까지 살았다.

그는 일흔세 살이 되어서야 용기를 내서 시 관청을 찾아가 따뜻하며, 조금이라도 조국과 더 가까운 연해주 지역으로 이주시켜 줄 것을 간청했다. 한국인 이씨의 호소는 소련 관리들을 놀라게 했다. 당신은 원하는 곳은 어디든 갈 수 있고, 어느 곳에서도 살 수 있는 자유인이라는 답변을 얻었다. 사람들은 그에 대해 아는 것이 거의 없었다. 탄압에 질려버린 그가 어느 누구에게도 말을 하지 않았던 것이다. 이것은 아마도 억압받았던 모든 사람들의 전형적인 삶이었을 것이다.

이씨는 파티잔스크로 옮겨가 몇몇 한국인들이 모여 사는 거리에 정착했다. 그는 중국어로는 '카놈', 러시아의 고려인들은 '구들'이라 부르는 따뜻한 점토마루를 깐, 나무로 만든 자그마한 전통 양식의 집을 지었다. 온돌은 동양 사람들이 고안해낸 것인데, 특히 척수 신경근염과 중풍을 앓고 있는 노인들에게 좋다. 화로를 지피면 오두막집은 따뜻한 온기로 가득 찼다.

이 노인이 받는 연금은 충분하지 않았다. 그는 타이거 지역(침엽수로 이루어진 삼림 지대)에서 수렵을 시작했고, 양치식물(고사리, 버섯, 두릅, 더덕, 도라지, 마 등)을 채취해 한국식으로 요리한 후 시장에 내다 팔았다. 그의 선량함에 감동한 많은 사람들이 그에게서 양치식물을 구입했다. 하지만 파티잔스크에서도 그의 운명에 대해 아는 사람은 아무도 없었다.

옛 소련이 남한과 외교 관계를 수립하자 현대그룹이 연해주 지방의 나호드카에 지사를 세웠다. 1991년 파티잔스크에 살고 있던 이씨 할아버지는 어느덧 여든여섯 살이 되었다. 그는 현대 현지 지사장에게 찾아가 거의 반세기 전에 헤어진 자식들을 찾아달라고 도움을 청했다. 현대관계자는 만약 그의 가족이 남한에 살고 있다면 그들을 찾는 것을 돕겠다고 약속했다.

이씨가 시베리아로 호송되기 전에 살았던 마을은 비무장지대 근처의 남쪽 지역이었다. 이 마을의 지역신문은 이씨의 기구한 삶의 역정을 담은 기사를 실었다. 다행스럽게도 한 노인이 옛날에 일어났던 이씨의 과거사를 기억해냈다. 이씨의 아내는 그가 시베리아로 쫓겨난 뒤 일 년 뒤에 사망했고 이 마을에는 그의 아이들 가운데 누구도 남아있지 않았다. 그들은 캐나다, 미국, 카리브 해의 섬에 흩어져 살고 있었고 딸 가운데 한 명만이 서울에 살고 있었다.

자식 소식을 전해들은 이씨는 자신이 한국말을 거의 잊어버렸고, 러시아어는 잘 배울 수가 없었다며 비통해 했다. 그에게 남한을 방문할 수 있는 서류들이 날아들었다. 마침내 그는 배편으로 한국에 도착하여 세계 각지에서 아버지를 찾아 날아온 자식들을 서울에서 만났다. 거의 반세기가 지난 후, 자신의 아버지가 이미 오래 전에 세상을 떠났을 것이라고 믿고 있었던 아들, 딸들과 이씨의 만남은 이렇게 극적으로 이루어졌다.

지난 시절 한반도의 기구한 운명은 한국인들을 세계 각지로 뿔뿔이 흩어지게 만들었다. 자신의 조국이 '조용한 아침의 나라'라고 생각하는 약 550만 명 정도의 사람들이 지금도 여러 대륙에 흩어져

안식처를 찾고 있는 실정이다. 러시아에 15만, 우즈베키스탄에 23만, 카자흐스탄에 9만 9천, 미국에 210만 명 정도의 한국인이 살고 있다. 그 외 다른 지역에도 많은 한국인들이 살고 있다.

군사 퍼레이드

평양에서의 군사 퍼레이드는 정말 볼 만하다. 우리 일행은 행진이 시작되기 약 1시간 반 전에 퍼레이드 장소에 자리를 잡았다. 안전요원들이 5~6m 마다 배치되어 초청장을 꼼꼼하게 검사했고, 카메라 소지 여부를 일일이 확인했다.

이미 15명의 고위 외교관들이 자리 잡고 있는 본부석 입구에서 다시 검색을 받아야 했다. 그들은 담배를 피우거나 서로 이야기꽃을 피우며 냉음료와 식수를 마시고 있었다. 우리는 50여 석의 자리가 마련된 외교관석을 지나쳤다. 관람석 위층에서 김정일이 앉아 지켜보고 있었다. 우리의 객석 아래쪽에는 1,500여 명의 사람들이 앉아 있었다. 이 좌석에는 국가기념일을 맞이해 세계 각지에서 초청받은 해외 한인 동포들이 끼여 있었다.

광장은 비어 있었으나, 광장과 연결된 도로에는 이미 군악대가 준비를 마치고 있었고, 더 멀리로 군인들의 행렬이 보였다. 멀리 대동강

변으로부터 군대의 진용이 눈에 들어왔고 그 뒤로 수십만 명의 사람들이 서 있었다. 그들은 장미로 뒤덮인 광장을 연출하고 있었다. 퍼레이드 참석자들이 손에 들고 있는 조화들이 색채감 있는 배경을 연출해냈다.

광장을 둘러싸고 있는 건물들에는 김일성, 레닌, 마르크스의 초상화가 걸려 있었다. 북한의 초대 주석인 김일성 초상화는 마르크스 레닌주의의 주창자들 것보다 월등히 컸다. 김일성의 얼굴에는 매력적인 미소가 담겨 있는 반면, 레닌과 마르크스는 심각한 표정을 짓고 있었다. 시계 바늘이 오전 10시를 가리켰다. 광장은 연단에 나타난 북한 국방위원장 김정일을 맞이하는 북한 주민들의 박수갈채와 환호로 뒤덮였다.

광장으로 두 대의 리무진이 들어왔다. 한 대에는 퍼레이드 지휘관이 타고 있었고 다른 한 대에는 조선 인민군 총사령관이 타고 있었다.

사령관들은 도열해 있는 군인들을 돌아가며 사열했다. '우라'라는 의미의 '만세' 소리와 함께 공중으로 수천 개의 천연색 풍선이 날아올랐다. 총사령관이 사령관석에 올라 퍼레이드 준비가 완료되었음을 최고사령관인 김정일에게 보고한 뒤 도열해 있는 사병들에게 구호를 외쳤다. 외교관들이 앉은 객석으로 자료가 배포되었다.

조선 인민군의 육해공군 및 인민 경비대 사병 및 장교 여러분!
평양 시민 여러분!
친애하는 동지 여러분!
오늘 역사적인 제11기 최고인민회의의 1차 회의에서 우리 당과 인민의 위대한 지도자이신 김정일 동지를 조선민주주의인민공화국의 국방위원장으로 선출하고, 우리가 공화국 건국 55주년을 기념하는 것에 대해 전 세계가 끝없는 환희와 감탄의 메시지를 보내고 있습니다.

이러한 국경일을 맞이해 우리는 장엄한 군사 퍼레이드와 대중 행진을 실시하려 합니다. 이것은 당의 선군 지침 아래 주체혁명을 완성하는 날까지 우리 군대와 인민의 확신과 의지를 보여줄 것입니다. 우리는 위대한 김일성 주석님의 국가 건설을 향한 불멸의 노력과 사회주의 조선의 확고한 정신을 따를 것입니다. 지도자 동지와 당과 군과 인민은 한결같은 강력한 단결 속에서 새로운 혁명의 승리를 향해 앞으로 힘차게 전진할 것입니다.

조선 민주주주의 인민 공화국 건설 55주년 기념일인 오늘 인민군과 모든 인민 개개인은 존경스런 눈빛으로 공화국이 걸어온 반세기 이상의 영광스런 길을 바라보고 있으며, 조선민주주의 인민공화국을 건설하고 승리와 번영의 길로 인도한 위대한 지도자 김일성 수령님과 김정일 지도자 동지께 끝없는 환희와 감사의 마음을 전합니다.

위대한 지도자 동지 김일성 주석께서 공화국을 창건하신 것은, 우선 5천 년 민족사에 있어 반일 혁명 투쟁의 시기에 나타난 유구한 역사적 뿌리에 기반한 진정한 인민 자주 국가의 설립이었으며, 사회주의 제국의 건설이라는 새로운 시대의 개막을 알리는 역사적 사건이었고, 인민의 요구에 부흥하는 것이었으며, 우리 인민의 운명을 결정짓는 전환기에 가치 있는 혁명적 과업의 달성이었습니다.

주체의 깃발을 높이 들고 모든 어려움과 역경을 이겨내며, 위대하신 지도자 수령께서는 우리 공화국을 독립적이고 자주적이며 자주 국방의 기반을 가진 사회주의 국가로 변화시키셨고, 평생 엄청난 난국을 극복하며 조국이 수천 년간 발전할 수 있는 기반과 미래의 세대들의 행복을 위한 기반을 닦아 놓으셨습니다. 아버지 수령 동지의 이 모든 위대한 업적과 은혜는 조국의 역사 속에 길이 빛날 것입니다.

전례 없는 혹독한 어려움을 이겨내고, 일생을 통해 초지일관되게 모든 국가 활동의 영역에서 선군 정치를 실천하여, 존경하는 최고사령관 김정일 동지께서는 공화국의 군사 정치적 역량을 전례 없이 강화시키셨고, 혁

명 일꾼들의 일사불란한 단결을 공고히 하셨으며, 우리나라가 이상적인 정치적 군사적 국가로서 자신의 역량을 보여줄 수 있도록 만드셨으며, 사회주의 경제체제가 큰 발전을 이룩하였습니다.

오늘날 우리 공화국은 어떠한 격동 속에서도 지치지 않고 자주권을 수호하고 있으며, 미국과의 항쟁에 있어 계속적인 승리를 거두고 있으며, 강력한 번영의 나라를 향해 힘차게 전진하고 있습니다. 이것은 모두 존경하는 최고 지도자 김정일 동지의 비범한 정치적 능력과 현명한 지도의 귀중한 결과인 것입니다.

우리 인민군은 지도자 동지의 군대, 당의 군대로서 앞으로도 변함없이 혁명적 과업을 수행할 것이며, 존경하는 최고 지도자 동지의 혁명적 선군지도 노선을 지지할 것이며, 지도자 동지를 지키기 위한 총알과 폭탄이 되어 위대한 김정일 동지를 수반으로 한 혁명 지도자를 수호할 것입니다.

인민군의 모든 사병과 장교들은 조국의 안전과 사회주의의 승리는 인민군의 총검과 무기의 도움으로서만 보장된다는 철의 논리를 깊이 이해하며, 전력을 다해 전투력을 강화시킬 것입니다.

우리의 선의와 아량에도 불구하고 오늘날 미국이 조선민주주의인민공화국과의 관계에 있어 이전과 같이 적대적인 정책을 포기하고 있지 않은 상황에서, 우리는 주권국가의 방어라는 이름으로 자주국방을 위한 정당한 방위 수단으로서 핵 보유력을 강화시켜 나갈 것입니다.

인민군은 모든 인민과 함께 미 제국주의자들의 잔꾀와 공화국을 억압하려는 시도에 대해 준엄하게 대처할 것입니다. 만약 미 제국주의자들이 이 땅에 또다시 전쟁의 불씨를 피운다면, 인민군은 가차 없이 침략자에게 엄청난 타격을 줄 것이며, 계속해서 조국 통일의 역사적 과업까지 이룩할 것입니다.

위대한 지도자 김일성 주석님의 혁명 사상을 위하여!
위대한 지도자 김정일 동지를 위하여!
조선민주주의 인민공화국 건국 55주년을 위하여!

군사 퍼레이드는 1,200명으로 짜여진 군악대 공연으로 시작되었다. 연주를 마친 군악대가 북을 치며 객석 맞은편에 도열했다. 광장으로 행군하는 군인들이 입장했다. 각 분대별로 25명이 한 조가 되어 12개의 분대가 들어왔다. 놀라울 만큼 정확히 열을 맞춘 공군, 해군 및 육군이 행진해 지나갔다.

우리들에게 감동을 준 여군들은 각 분대별로 300명씩 조를 이루어 4개 분대를 이루었다. 그들은 매혹적인 총검을 정확하게 아스팔트 위 50cm 위로 올리고 행진했다. 여군의 복장은 흰색 여름 제복에, 무릎까지 내려오는 짙은 청색 바지, 그리고 빨간 별이 달린 군모로 이루어져 있었다. 여군들의 가는 허리에는 넓은 혁띠가 채워져 있었고 옆으로 권총 지갑이 달려 있었다.

30여 개 이상의 행진군단이 본부석을 지나갔다. 이 행사에 거의 만여 명의 육군, 해군, 공군, 공중낙하 부대원 및 기타 군 대표들이 참여했다. 북한 건국 55주년 기념 퍼레이드에서 인민군은 전쟁 위협을 한 것이 아니라 실제로 인민군이 방위군이지 침략군이 아님을 보여주었다. 어떤 사병 대열은 무기 없이 행군하기도 했다. 군대 중에 가장 강력한 군대는 척탄(擲彈)군이었으며, 광장으로 탱크나 장갑차와 같은 중화기는 한 대도 들어오지 않았다.

군사 퍼레이드의 모든 장면들이 100여 개의 텔레비전 방송국에 의해 녹화되었다. 북한에서 생방송으로 중계가 되었는지는 모르겠으나, 러시아에서는 9월 9일 방송되었다.

대중 행진 또한 인상적이었다. 각 열에 50명으로 이루어진 60개의 대열이 대형을 이루었다. 국경일 장식이 특히 인상적이었다. 첫번째 차량에 김일성의 높은 동상이 옮겨져 있었다. 경축일 며칠 전부터 왜 평양의 주요 거리에서 트람바이와 트롤레이버스의 전선들이 일시적으로 제거되었는지 이해가 되었다. 북한 창시자 김일성 동상이 그 아래로는 지나갈 수 없었던 것이다. 본부석을 지나 2000년 6월 15일 남북 정상 간에 맺어진 공동성명의 모형이 지나갔다.

평양 시민들은 광장에서 본 김정일을 열광적으로 맞이하고 있었다. 너나없이 환희에 들떠 팔을 높이 쳐들고 꽃을 흔들었다. 거의 10만여 명의 인파가 떼를 지어 지나갔다. 훨씬 더 많은 백만여 명이 넘는 인파가 꽃의 물결을 이루었다. 그야말로 환상적인 광경이었다. 마치 거대한 컴퓨터 스크린 위로 조화로 합성된 복잡하게 얽힌 사람들과 슬로건들이 나타나는 것만 같았다.

경축 행사의 마지막 부분에 김정일이 본부석 양쪽으로 지나가자 새로운 박수갈채가 광장을 뒤덮었다. 나는 한 계단 내려와 고개를

위로 쳐들어 북한 통치자의 옆모습과 사람을 환영하는 듯한 몸짓으로 뻗은 오른손을 보았다. 김정일과 나란히 본부석에 앉아 있던 풀리코프스키 전권 대사가 뭐라고 말하는 동안 북한 최고 사령관인 김정일은 퍼레이드를 주시하고 있었다. 퍼레이드에 참가한 모든 사람들은 자신들의 미래가 자신들의 노력 여하에 달려 있음을 굳게 믿고 있음에 틀림없었다.

저녁에는 대학생들의 우아한 횃불 행진이 펼쳐졌다. 젊은이들은 슬로건에 쓰인 구호를 횃불로 수놓았다. 하지만 이 시간에 김정일은 나타나지 않았다.

코뉴호프 형제의 상이한 북한 모험

연 해주에는 북한을 방문했던 사람들이 꽤 많이 살고 있다. 전 세계에 잘 알려진 여행가인 코뉴호프 형제(파벨 코뉴호프와 표도르 코뉴호프)는 각각 믿기 어려울 만큼 극적으로 북한을 다녀온 사람들이다. 표도르는 해안 경계선을 침범했다는 이유로 기소까지 당한 반면, 파벨은 김일성 주석의 생일에 명예로운 손님으로 초대되어 북한 땅을 밟았다.

1976년 여름, 태평양 연안의 국경 초소를 따라 두 대의 요트가 나호드카에서 원정을 나섰다. 그 중 한 대가 '올랴' 호였고 표도르 코뉴호프를 비롯하여 네 명의 승무원이 타고 있었다. 그들은 연해주 해변을 따라 북쪽으로 올라가다가 남쪽으로 기수를 돌렸다. 안전을 위해 해안 경비대가 그들의 항로를 체크하고 있었는데, 폭풍이 불어와 항로가 바뀌었다. 올랴 호의 돛에 파도가 밀어닥쳤고, 돛대 꼭대기까지 바람이 치는 바람에 통제할 수 없는 지경에 이르렀다. 거대한 파도가 요트를 동해쪽으로 몰아갔고, 도저히 배를 돌릴 수가 없게 되자 가장 모험심이 강한 한 선원이 위험을 무릅쓰고 돛대 위까지 기어 올라가 바람이 가득 찬 돛을 잘라버렸다. 다행히 요트는 안정을 되찾았다.

바다와의 싸움에서 승무원은 배의 위치를 알리는 좌표를 상실했다. 그들은 해안 경비대의 시야에서 사라져버린 것이다. 폭풍이 가라앉았을 때 올라 호는 망망대해에 버려져 있었다. 그때 수평선 너머에 배 한 척이 나타나 요트 쪽으로 다가왔다. 기선의 밑부분에 '블라디보스토크'라고 선적항이 적혀 있었다.

요트에 있던 사람들은 재빨리 돛을 올리고 기선 쪽으로 움직이기 시작했으나 잘려진 돛으로는 속도를 낼 수가 없었다. 기선은 곧 하얀 연기 속으로 사라져버렸고 올라 호는 계속해서 그 배를 좇아갔다. 그 누구도 그 배가 연해주 지역의 항구로 가고 있다는 것을 의심하지 않았다. 멀리 등대와 해변의 모습이 보이기 시작하자 요트 승무원들은 지도를 펴들고 수로도와 실제 해변을 비교했다.

하지만 특징들이 일치하지 않았다. 승무원들은 북한 지역으로 들어갔을지도 모른다는 두려움에 즉시 돛을 돌려 바다 쪽으로 나가기 시작했다. 그러나 이미 두 대의 범선이 그들에게 접근하여, 올라 호를 견인하려고 밧줄을 던졌다. 코뉴호프와 그의 친구들은 자신들은 북쪽으로 가고 있다고 몸짓을 섞어 설명했고 그들이 소련 요트맨들이며 콤소몰 단원들이라고 러시아어로 외쳤다.

하지만 북한 어부들은 계속해서 그들을 추격했다. 요트가 돛을 내리고 멈추어 견인 요구에 응하지 않았기 때문에, 추격하던 어부들은 요트 쪽으로 밧줄을 던져 어디에든 걸리게 하려 애썼다. 코뉴호프와 친구들은 밧줄을 다시 바다로 내던지며, 어부들이 요트를 침몰시킬지도 모른다고 욕을 해댔다.

기선들은 요트가 움직이지 못하도록 포위하여 요트를 정지시키려 했다. 올랴 호의 승무원들은 배를 지그재그로 운항해 추격자들의 배와 충돌하게 만들었다. 삐걱거리는 소리가 크게 들렸고, 험한 욕설이 터져 나왔다. 이때 요트맨들은 항복하지 않으면 침몰할 수도 있다는 사실을 깨달았다. 그들은 돛을 내리고 멈춰 섰다. 북한 어부들은 올랴 호로 다가와 서로 뭐라고 소리쳤다. 누가 견인할지 여부를 놓고 다툼을 벌이는 것이 분명했다. 결국 이 해전의 승리자가 결정되고, 요트를 기선에 연결해 해안으로 견인해갔다.

요트의 선장은 올랴 호가 나포된 시간을 항해일지에 적어넣고, 코뉴호프에게 견인 속도를 측정하라고 명령했다. 요트맨은 그들이 12마일 지역에서 붙잡혔지만 북한의 해안 지역까지 가지는 않았다고 계산했다. 범선은 나진항으로 나포되었고, 요트 근처에 자동소총으로 무장한 두 명의 경비병이 배치되었다. 또한 자동소총으로 무장한 30여 명의 북한 사병들이 올랴 호가 잡혀 있는 장소로부터 30여m 떨어진 곳에 배치되었다.

첫날 대령과 대위, 그리고 통역관이 범선으로 찾아와, 북한 해안을 침범해 기소되었음을 요트맨들에게 알렸다. 코뉴호프는 폭풍으로 야기된 불가피한 상황이었음을 설명하고, 소련 외교관과 연결해달라고 요구했다. 다행히 나진항에는 극동 해안 선박국의 대표가 나와 있었다. 다음날 그가 요트를 방문했고, 범선의 사고에 자세한 설명을 들은 선박국 대표의 도움으로 '침입자'라는 기소 내용이 무효처리되었다. 대신 북한 어부들이 올랴 호를 구해준 것으로 처리되었다.

그러나 국제법에 따르면 해양 구조에 대해서 적지 않은 비용을 지불해야 하기 때문에 그들은 새로 만들어낸 사실도 거부했다. 셋째 날, 나진의 정부 관청에서는 소련 요트맨들이 북한에 '우정어린 방문'을 했다고 공표했다. 범선은 풀려났고, 조국 나호드카 항으로 돌아갔다.

파벨 코뉴호프와 그의 세 친구는 이와는 아주 다른 차원으로 북한을 방문하게 되었다. 자전거를 타고 10개 국 이상을 여행했던 파벨은 이번에는 자전거를 타고 한반도를 북쪽에서 남쪽으로 가로지를 계획을 세웠다. 그런데 도중에 전혀 예상치 못한 김일성 생일에 초대를 받은 것이다.

1991년 4월, 4명의 여행가가 나호드카에서 국경의 하산 역에 도착했다. 그들을 맞기 위한 여객 열차가 그들이 한번도 가본 적이 없는 북한으로부터 이미 도착해 있었다. 모든 객차가 아름다운 장식물로 치장되어 있었다. 기관차가 자전거 경기 선수들을 태운 객차를 끌고 북한 쪽으로 움직였다.

두만강 역에서 선수들은 김일성 동상에 화환을 바치고, 지역 대표와 만난 후, 기자 회견을 열어 자전거를 타고 평양 시내를 돌고 싶다는 소망을 밝혔다. 평양까지는 기차로 움직일 예정이었다. 객차가 여객 열차에 연결되었다. 다섯 5명의 북한 남자와 두 명의 여자가 손님들과 동행했다. 모든 이들에게 개별적인 기차 칸이 제공되었으나, 이를 거절하고 모두 같은 칸에 타고 갔다. 낮에는 나호드카에서 온 손님들에게 맥주와 포도주, 안주들이 제공되었다.

기차가 평양에 도착했을 때, 여행자들은 운동복으로 갈아입고 자전거를 준비하라는 요구를 받았다. 5명의 북한 자전거 선수들과 함께 거리를 달릴 것이라는 연락을 받았다. 기차에서 내리자마자 손님들은 곧바로 김일성 기념 동상으로 향했다. 메르세데스 벤츠에서 내린 안내인이 그들과 동행했다. 파벨의 기억에 따르면, 동상 근처에는 엄청나게 많은 인파가 모여 김일성 동상에 꽃을 봉헌한 극동지방에서 온 여행가들에게 환호를 보냈다.

소련의 자전거 경주 선수들은 평양에서 2주간 머물렀다. 그들 방문의 절정은 김일성을 위한 음악회를 관람한 일이었다. 공연은 아름다운 광장에서 열렸다. 그들에게는 아래층 보통석에 자리가 주어졌다. 앞에는 북한의 고위 관료들이 자리 잡고 있었고, 그 중 한 사람이 김정일이었다. 공연장에 김일성이 등장하자 환호의 물결이 일었고 김일성은 소련 선수들이 앉은 자리로부터 불과 3~4m 떨어진 곳에 앉았다. 음악회가 끝난 후 그들은 김일성 주석에게 소개되었고, 김일성은 그들과 일일이 악수했다.

4명의 자전거 선수들은 북한에서 환대를 받았으며, 텔레비전에도 몇 차례 출연했다. 거리에서 만나는 모든 사람들이 그들을 알아보았다. 그들이 차를 타고 평양에 전기를 공급하는 수력발전소를 보기 위해 가고 있을 때, 70km에 이르는 도로에는 엄청난 사람들이 나와 나호드카에서 온 손님들을 환영했다.

파벨 코뉴호프는 평양을 아름답고 친절한 도시, 그리고 평양 시민은 가장 성실한 사람들로 기억하고 있었다. 어느 날 파벨은 머무르고 있던 호텔 근처에서 카메라를 분실했다. 다음날 가보니 카메라는 분실했던 그 자리에 그대로 남아 있었다. 하지만 파벨은 유럽 사람들에 대해서는 아쉬움을 나타냈다. 벨기에에서 있었던 일이다. 사람들이 많이 모인 장소에 가방과 함께 자전거를 잠시 세워놓은 적이 있었다. 날씨가 무척 더워 그는 반바지만 입고 거리를 따라 사람들의 사는 모습을 보기로 했던 것이다. 돌아와보니 가방과 자전거가 사라져버렸다. 그나마 허리띠에 찬 주머니에 여권을 보관하고 있었던 것이 천만다행이었다. 파벨은 폴란드를 거쳐 아주 어렵게 소련에 도착할 수 있었다. 마음씨 좋은 유럽인이 선물한 반바지와 런닝셔츠만을 입고 돌아올 수밖에 없었다.

이들에게는 북한 방문 기념으로 김일성 주석 생일에 초대받은 손님이었음을 증명하는 편지와 북한의 전통 술 세트가 선물로 주어졌다. 고려인삼 뿌리가 담긴 병은 아직도 파벨의 집에 보관되어 북한 여행의 기억을 되살려주고 있었다.

김정일은 러시아어를 아는가?

오늘 저에게는 자랑할 일이 있습니다.

평양의 거대한 건축물인 개선문에 대해 아름다운 북한 아가씨가 또렷한 러시아어로 운을 뗐다. 사실 내 수중에는 블라디보스토크, 파리, 모스크바에서 찍은 개선문 사진들을 갖고 있었지만 이 평양 미인의 이야기는 흥미로웠다.

"모란봉 기슭에 자리 잡은 이 개선문은 파리의 개선문보다 3m나 높습니다."

아가씨가 자랑스럽게 설명을 이어갔다.

"그 높이가 60m나 됩니다. 개선문에는 네 개의 벽면이 있는데, 각 벽면에는 거대한 기둥이 세워져 있고, 중간 부분에 발코니가 있으며, 정상 부분에는 3층으로 된 지붕이 있습니다. 본체는 1만 1,000개의 화강석으로 이루어져 있습니다. 개선문 주위는 70개의 철쭉 조각으로 둘러싸여져 있습니다."

3년 넘게 여행가이드로 일하고 있다는 김씨 성을 가진 평양 아가씨는 평양의 명승고적에 대해 러시아어로 설명했다. 최근 러시아 여행객이 늘어남에 따라 러시아어를 혼자서 공부했고 오늘이 바로 그녀가 통역관 없이 혼자 설명하는 첫날이었다.

1990년대 중반까지만 해도 러시아어는 북한에서 부동의 제1외국어였다. 하지만 점차 영어의 비중이 높아졌다. 러시아어는 장년층이 많이 알고 있었다. 통계에 따르면 10만 명 이상의 전문인력이 옛 소련에서 교육을 받고 실력을 쌓아 시베리아나 극동지역에서 일했다고 한다. 북한학술원의 연구보고서에 따르면, 이전에 북한의 과학 연구 성과의 50%가 러시아 과학자들의 연구에 토대를 둔 것이라고 한다.

연구소나 도서관들은 러시아의 학술잡지들을 구독하고 있다. 우리가 방문했던 인민대학습당에는 전자 카탈로그를 통해 러시아 저자들의 서적들을 찾아볼 수 있었다. 인민대학습당에서는 8개 외국어를 여섯 달 동안 배울 수 있는 강좌가 있었다. 그 가운데는 러시아어, 영어, 스페인어, 독일어 등이 있다. 학생들은 일하지 않고 전적으로 학습에만 전념했으며 한 달 평균 월급 정도를 받는다. 평양 외국어대학에서는 학생들이 19개의 외국어를 공부하고 있다.

그렇다면 김정일은 러시아어를 얼마나 알고 있을까. 평양의 한 대학에서 러시아어를 공부하고, 자신의 부친인 김일성의 소련 방문 시 두 차례나 동행했던 김정일은 러시아어를 이해하고 있는 듯했다. 평양에서 우리는 많은 사람들이 러시아어를 알고 있다는 사실에 여러 차례 놀랐다. 한번은 기자회견장에서 북한 기자들이 자필 서명을 해달라고 요구한 적이 있었다. 스물다섯 살 안팎의 젊은 기자는 번역 서비스를 거부하며 자기는 러시아어를 잘 이해한다고 말했다. 호텔 종업원, 웨이터들은 우리가 가르쳐준 단어들, 가령 1층, 나이프, 포크,

예쁜 아가씨, 녹차 등을 되뇌며 일상 어휘들을 쉽게 익혔다. 그 답례로 우리는 그들에게서 한국어를 배웠다.

우리와 함께 일했던 통역관은 러시아어를 썩 잘 구사했다. 몇몇 행사에서 오씨 성을 가진 매력적인 통역관 아가씨가 우리를 도와주었다. 우리는 그녀에게 '올랴'(올가의 애칭)라는 이름을 지어주었고, 그녀도 이를 기쁘게 받아들였다. 이렇게 해서 나와 동명이인이 생겼다. 우리는 누군가 올랴라고 불렀을 때 동시에 응답하거나, 반대로 서로 내가 아니겠거니 생각하고 둘 다 대답하지 않는 우스꽝스러운 일이 가끔씩 벌어지곤 했다.

김대중의 말을 80%만 이해한 김정일

언어학자들은 시간이 더 흘러 남북한 언어 차이가 심화되면 남한과 북한 사람들 간에 서로 이해하기가 더욱 어려워질 것이라고 말하고 있다. 15세기까지 한국인들은 자신들의 문자를 갖지 못하고 중국의 문자를 써야 했다. 수천 개의 상형문자로 이뤄진 중국 문자는 1234년부터 한반도에서 사용되기 시작했다. 이것은 구텐베르크 활자가 독일에서 이용되기 200년 전의 일이다.

이러한 사실은 불교사찰인 보현사의 서고로 우리를 안내했던 여행 가이드가 알려주었다. 이 사찰의 비밀스런 서고에는 일정한 온도에 진공상태로 '팔만대장경'이 보존되어 있다. 팔만대장경은 불교 경전을 집대성한 것으로 팔만 자의 목각이 인쇄되어 있는데, 이 목각 인쇄는 한국인의 인쇄술을 잘 보여주는 자료이기도 하다.

스물여덟자로 이뤄진 훈민정음이라 부르는 한글의 탄생은 1446년에 이뤄졌으며 세종대왕의 치세 기간이었다. 이 시기에 한국에는 고

유한 달력이 만들어졌고, 바람의 방향과 속도를 측정하는 해시계와 물시계가 만들어졌다. 19세기 말 이 문자는 한국의 문자라는 뜻의 한글로 불리기 시작했다. 현대 한국어는 19개의 자음과 21개의 모음으로 총 40개의 음소로 이루어져 있다.

한반도에는 두 개의 한국어가 발전하고 있다. 50여 년 간 떨어져 살아오면서 남한과 북한의 언어에는 주목할 만한 차이점들이 생겨났다. 남한에서는 어휘에 상당히 많은 차용어가 들어왔고, 그 중 대부분은 영어에서 온 것들이다. 북한에서는 일본어, 영어, 중국어 등을 포함한 외래어를 몰아내는 작업을 해왔다. 그 가운데 중국어가 70%를 차지한다. 현대 한국어의 어휘적 특징을 연구하는 러시아의 전문가들은 국제 학술대회에 참석해 언어영역에서 남북이 협력하는 정책을 펴라고 제의하기도 했다.

풀리코프스키 전권 대사와 나눈 대화에서 김정일은 다음과 같은 말을 한 적이 있다.

"북한말은 남한말과 차이가 많이 난다. 김대중 대통령과의 대화에서 나는 그의 말을 80% 정도만 이해할 수 있었다. 남한말에는 영어에서 빌려온 말이 많다. 북한을 방문했던 남한 기자들은 모국어의 올바른 철자법은 북한에 보존되어 있다고 말하고 있다.”

전 세계 150여 개 나라에서 한국어를 공부하고 있다. 러시아에서 한국학은 모스크바, 상트 페테르부르크, 블라디보스토크에서 연구되고 있다. 2000년에 극동국립대학은 한국학 100주년 기념행사를 연바 있다. 20세기 초 블라디보스토크에는 러시아 최초이자 유일한 한국학과가 문을 열었고 1939년까지 지속되다가 문을 닫았다.

극동국립대학에서의 한국학 연구는 1975년부터 재개되어, 김일성대학으로부터 많은 자료를 전달받았다. 학생들은 북한의 신문과 잡지를 가지고 읽기 연습을 한다. 이 시기 블라디보스토크에는 한국어로 된 문학 교과서를 찾아볼 수 없었다. 선생들이 자필로 노트를 만들어 소형 옵셋 인쇄기로 복사해 교재로 사용했다. 1990년대에 들어서서 북한과 교육·과학 분야의 접촉이 중단되었다가 2002년 가을 극동국립대학과 김일성대학 사이의 협력에 관한 합의서가 서명된 이후로 다시 사정이 좋아졌다. 2003년 이 합의서에 따라 17명의 북한의 전문가들이 극동국립대학의 연수생으로 러시아어와 자연과학 분야를 공부했다.

요즘 극동국립대학은 교육 분야에서 남한의 고등교육 기관들과 우호적 관계를 맺고 있다. 블라디미르 쿠릴로프 극동국립대학 총장은 남한 고합그룹의 지원을 받아 단과대학을 세웠다. 현대적 기술과 설비를 도입하는 비용으로 230만 달러를 지원받아 극동국립대학 내에 한국학 대학을 설립했다. 30년 전에 상트페테르부르크에서 한국어를 배웠던 블라디미르 베르홀랴크가 이 단과대학을 이끌고 있다. 남한의 ≪대한매일≫신문에 따르면 1998년 베르홀랴크는 최고의 외국인 한국학 학자로 뽑혔다.

베르홀랴크는 자신의 동료들과 함께 한국어 교재를 만들었다. 이 대학의 선생님들은 교과서와 사전의 인터넷판을 만들고 있다. 이러한 학술 작업들은 2000년과 2001년 베이징과 서울에서 각각 열렸던 국제 언어학 학회에서 북한, 남한, 중국, 미국 및 일본의 언어학자들로부터 높은 평가를 받았다.

러시아에서 한국어 학습에 대한 관심은 꾸준히 높아지고 있다. 한반도의 현재 상황, 남북한 사이의 적극적인 대화 노력, 러시아와 남북한 간의 협력 확대, 사업가들의 관심과 더불어 극동지역 러시아인들의 한반도에 대한 관심 등을 고려할 때, 한국어를 공부하는 러시아인들의 수는 앞으로 10년간 지속적으로 늘어날 것으로 보인다. 한국어를 배우고자 하는 사람들은 러시아의 사업가들, 전문 관료들, 기자들, 관리들, 법률가 등 다양한 계층에 이른다.

평양에서 나는 손바닥만한 크기의 러시아-한국어 사전을 아주 어렵게 찾아냈다. 이 사전은 1천여 개 정도의 어휘가 수록되어 있으며 1984년에 출판된 것이었다. 사람들이 한-러 사전을 같이 만들자는 제안을 해왔다. 이는 러시아를 방문하는 한국 사람들에게 매우 요긴할 것이다. 통계에 따르면 매년 1만여 명의 북한 사람들이 러시아를 방문하고 그 중 2천여 명 정도가 블라디보스토크를 방문한다. 현재 상황을 감안하면 사전이 나오면 러시아뿐 아니라 북한에서도 꽤 많은 사람들이 찾을 것이 확실하다.

김정일을 닮기는 어렵다

보현사는 북한의 서쪽 지방에서 가장 큰 불교 사찰로 11세기 초의 건축술로 지어졌다. 북한에는 360여 개의 불교 사찰이 있었고 그 중 30개가 묘향산 계곡에 자리 잡고 있었다. 한국전쟁 당시 절반 이상의 사찰들이 미군의 공습에 완전히 파괴되었다. 그러나 보현사는 다른 사찰과는 달리 운 좋게도 재건축될 수 있었다.

맑게 갠 날 우리는 보현사 앞에 서 있는 오래된 문을 지나쳤는데, 이 문은 더러운 것들을 정화시키는 구실을 하며 고통에서 인간을 자유롭게 해주는 문이라고 했다. 우리는 세속의 네 가지 고통을 상징하는 문 앞에 잠시 멈춰섰다. 마치 아틀라스(제우스의 명을 받아 하늘을 두 어깨에 메는 벌을 받은 거인: 옮긴이주)와 같이 동서남북을 의인화한 거대한 그림들이 수세기 동안 들끓는 세속적 열정에 초연한 채 천년 동안 무심히 그곳을 지켜왔다. 그 앞에 서니 시간의 흐름이 완전히 다르게 느껴졌다.

25년간 보현사에서 속세와 떨어져 수도를 해온 스님으로부터 고요함과 지혜를 느낄 수 있었다. 하루에 3천 배를 올리는 것은 그를 여위게 할 정도로 몸을 고달프게 하지만, 부처님과의 교제는 그의 영혼을 평화와 선과 이해로 채우는 것 같았다.

"부처님께서 언제 한국의 통일이 이루어진다고 하십니까?"

나는 스님께 어리석은 질문을 했다.

"부처님은 날짜를 예측하시지 않습니다. 그러나 분명한 것은 그것을 원하는 사람들이 많이 모이면 모일수록, 그리고 그 일을 향해 나아가는 사람들이 많으면 많을수록, 모든 국민이 원하는 거룩한 시기가 좀더 빨리 다가올 수 있습니다."

거의 꼭대기까지 다양한 지폐로 가득 찬 투명 플라스틱 봉양함을 보자 부처님이 러시아 화폐도 받는지 궁금했다. '그렇다'는 답을 듣고 나서 러시아 돈을 봉양했다. 북한 사람들의 말에 따르면 '사찰이 번성하도록 도와주면 그럴 때마다 젊어진다'고 한다. 그래서일까 실제로 우리가 만난 스님은 70살이었지만, 40살 정도로 밖에 보이지 않았다.

사찰 안에는 400년쯤 된 특이한 은행나무가 있었다. 포탄이 나무 위에 떨어져 줄기 부분이 훼손된 나무였다. 오래된 거목은 심한 타격을 당해 죽을 수도 있었으나, 철물 골조를 세워 여러 방향에서 이 거목을 지탱해주었다. 이제는 큰 가지들이 드리우는 그늘 아래 들어가면 서늘함과 고요함을 느낄 수 있다.

근처에 모서리마다 종이 매달린 팔각 13층 석탑이 있었다. 안타깝게도 바람이 불지 않아 종소리를 듣는 즐거움을 누리진 못했다. 종소리가 울릴 때 소원을 빌면 소원이 하늘에까지 닿아 꼭 이뤄진다고 했다.

"너무 섭섭해하지 마세요."

사람들이 내게 말했다.

"다음번엔 바람이 불 때 꼭 보현사에 모시고 오겠습니다."

또 다른 기이한 일이 우리의 눈길을 끌었다. 대웅전에서 부처님 불상을 관람하고 있던 일본인 관광객들 사이에 고이즈미 총리가 끼여 있었다. 한 남자가 계단을 내려가면서 "고이즈미 총리다"고 소리를 쳤을 때, 우리도 2002년 평양에서 김정일을 만났던 고이즈미 총리를 빼어 닮은 인물을 보기 위해 그쪽으로 갔다. 평균 이상의 키에 점잖고 약간 여윈 모습의 그는 처음엔 의아해하더니 헤어스타일이 고이즈미 총리와 무척 닮았다는 말을 듣고는 크게 웃었다.

갑자기 이전에 북한을 방문했을 때, 폴리코프스키 전권 대사와 흡사한 외모를 지녔던 러시아 장교로 인해 특별한 대접을 받았던 일이 떠올랐다. 2001년 2월 백화원초대소에서 일어난 일이었다. 폴리코프스키는 휴식을 취하기 위해 저녁 일찍 일을 마쳤다. 다음날 김정일과의 회담이 예정되어 있었기 때문이다.

그의 숙소에는 당구대가 설치되어 있었다. 저녁식사 후에 우리 사절단 가운데 네 명의 남자들이 당구시합을 벌이기로 했다. 그들 가운데 러시아 경비대 장교가 있었다. 시합을 하는 동안 북한 웨이터들이 맥주와 다양한 안주를 날라왔다. 그들은 경비대 장교에게 서비스하다가 그의 얼굴을 보고는 깜짝 놀랐다.

그는 금발에 어깨가 넓고 180cm를 넘는 큰 키를 가졌다. 그는 정확하고 서두르지 않는 움직임과 날카로운 눈빛을 지니고 있었다. 그전에도 몇몇 사람들이 그가 전권 대사와 아주 닮았다고 말한 적이 있었다. 두 명의 북한 웨이터들은 그에게 자주 눈길을 주었고 그를 러시아 대통령의 전권 대사로 여기는 듯했다. 덕분에 우리는 특별 안주를 대접받을 수 있었다.

그러나 웨이터들은 실제로 이 러시아 장교가 특이한 인물이라는 사실까지는 알지 못했다. 그는 소련 공산당 중앙위원회 총서기였던 고르바초프, 옐친 초대 대통령, 보이체흐 야루젤스키 폴란드 대통령 등 유명한 정치지도자들을 수행한 적이 있는 베테랑 경호 장교였던 것이다.

1984년에 그는 기차를 타고 모스크바로 향하던 김일성의 경호를 맡은 하바로프스크 경호대에 근무하고 있었다. 이 장교가 보관하고 있는 앨범에는 첫 줄에 김일성, 둘째 줄에 그가 경호원들과 함께 기념 촬영한 흑백 사진이 있다. 그는 2001년 8월, 김정일이 첫 러시아 방문을 마무리할 즈음에 이 귀중한 사진을 그에게 보여주었다. 웨이터들이 러시아 경비대 장교에게 특별 대접을 한 것은 어쩌면 당연한 일이었다.

김정일을 닮은 사람도 있을까? 많은 전문가들은 하나의 사실에 동의한다. "김정일은 누구도 닮지 않았기 때문에 그를 흉내 내어 행동하는 것은 대단히 어렵다."

실제로 김정일은 특이하여 그를 닮기는 쉽지 않아 보인다. 동방특급열차에 동승해 많은 시간 김정일을 가까이에서 지켜본 나의 결론이다. 언젠가 남한에서 김정일과 닮은 사람이 발견되었다는 말을 들은 적이 있다. 남한 사람들은 이 사람에게 경의를 표시하고, 식당에서 무료로 음식을 제공하고, 서울의 한 오락실에서는 24시간 맘껏 즐길 수 있는 초대장을 주었다는 이야기다. 그 말이 사실인지, 그가 정말 김정일과 닮았는지 확인할 길은 없지만.

거대한 세계문화 전시장, 국제친선전람관

북한을 방문하는 사람들은 흔히 전 세계의 훌륭한 거장들이 만든 작품들이 즐비하게 진열되어 있는 묘향산 국제친선전람관을 찾게 된다. 금은으로 만든 기념품, 상아로 만든 복잡하고 정교한 조각상, 응용 예술작품, 식기, 가구, 역사적 유물들이 다양한 나라와 민족들의 문화와 전통과 관습을 생생하게 보여주고 있다.

전시관은 전통 양식으로 지어진 두 개의 건물로 구성돼 있다. 김일성의 유물이 보관되어 있는 건물은 6층짜리로 2만 8천㎡ 정도의 크기다. 이 기념비적인 건물은 중앙홀이 광석으로 되어 있어 마치 세밀한 예술작품처럼 보인다. 둥굴둥굴한 에머럴드빛 기와지붕이 눈길을 끈다. 그 아름다움과 웅장함에 탄복한 여행객들이 관람 후 잠깐 쉬는 장소인 위쪽 광장에서는 우아한 사각 기둥의 벽화와, 선명한 철쭉, 목련 및 김일성화 등이 눈에 들어온다.

1945년 이후 북한의 영원한 주석인 김일성과 오늘날 북한의 지도자인 김정일은 180여 개 나라들로부터 27만여 점의 선물을 받았다. 가장 눈에 띄는 선물은 옛 소련 지도자 스탈린이 김일성에게 준 것이다. 스탈린은 김일성에게 당시 가장 크고, 무게가 60t에 달하는 청동 여객 객차를 선물했다. 강한 징으로 주조된 스탈린의 객차는 마오쩌둥이 선물한 객차와 함께 연결되어 세워져 있다. 중국 객차는 소련 객차보다 작지만 외부 장식과 철제 상감 면에서 뛰어나다.

현 러시아 대통령인 푸틴의 선물은 스탈린의 선물에 견주면 변변치 못하다. 푸틴은 김정일에게 사냥용 소총 몇 자루와 기념품을 선물했다. 푸틴이 김정일의 61번째 생일을 즈음해 환갑 선물로 경주용 말인 오를로프 준마를 준 적이 있음을 기억해내고 "마구간이 어디에 있느냐"고 물었지만 아무도 대답하지 않았다.

지미 카터 전 미국 대통령과 매들린 올브라이트 미 국무장관의 선물은 단순해 보였다. 사각 크리스털 장식 병인데, 우리가 차에 넣어 먹는 꿀이나 잼을 담아놓는 통과 비슷하게 생겼다.

전시장에는 남한에서 온 다양한 기념선물들도 눈에 띄었다. 남과 북의 대치상황에도 불구하고, 북한을 방문한 남한 사람들은 김일성과 김정일에게 한 나라의 지도자로서 존경의 뜻을 표시한 것 같았다. 특히 현대그룹은 김정일에게 자기들이 생산한 최고의 승용차를 선물했다.

일본인 화가들이 그린 김일성 초상화들도 기억에 남는다. 그 초상화들에 그려진 김일성은 항상 매력적인 미소를 띠고 있어 '세계 제일의 미소'라고 북측 관계자들이 말했다. 일본의 거장들이 만든 김일성의 특이한 밀랍 인형도 보였는데 스코틀랜드 에딘버그의 유명한 튜소 마담 화랑에 있는 아담 스미스, 코난 도일, 에딘버그 필립 공 등의 모형과 함께 전시되어 있었다.

안내원에 따르면 전람관의 한 전시품을 1분씩만 보아도 모든 것들을 다 보려면 밤낮없이 쉬지 않고 3년은 봐야 한다고 말했다. 아무도 이 기록에 도전하려는 엄두를 내지 못할 것이기 때문에 그 누구도 반박하지 못하리라.

한국전쟁 비밀문서를 공개하다

러시아와 북한 간 외교사에는 최근 극비에서 해제된 흥미진진한 문서들이 있다. 옛 소련의 국가기밀 가운데 1950년~1953년 사이의 한국전 당시 참전했던 소련 비행사들의 이야기가 단연 눈에 띈다. 러시아 출신 중국 비행사 샤오 린은 한국전 전투와 비밀문서들에 대해 생생한 이야기들을 들려주었다.

샤오 린은 한국전 참전 군인으로 큰 키와 바른 자세를 가진 일흔네 살의 노인이다. 그는 당시 상황을 지금도 생생하게 기억하고 있었다. 이제는 퇴역 공군 대령으로 세르게이 티모페예비치 튜린이라는 러시아 이름을 갖고 있다. 그와의 만남은 2003년 봄 블라디보스토크에서 이뤄졌다. 그는 북한지역에서 반세기 전에 전투비행사로 싸웠던 사람 가운데 하나였다. 중국과 북한의 국경에서 멀지 않은 곳에 자리잡은 중국 지방도시의 공군기지에서 자신의 미그-15기를 몰고 한반도 상공을 비행했었다.

러시아 국방부 기록에는 이렇게 적혀 있다.

"튜린 세르게이 티모페예비치 대위, 913전투비행단의 상급 조종사로 1927년 생. 1947년 10월 이후 소련 공산당원, 러시아인, 1945년 7월 16일부터 소련군 복무. '소련 육해군 30주년' 훈장 수여. 1952년 7월부터 정부 파견근무에서 능력 있는 조종사임을 증명. 미그 15기를 훌륭하게 조종함. 전쟁 기간 비행사로 100여 차례의 전투 비행을 수행하였고, 26차례의 공중전투를 수행함. 공중전투에서 자신의 상관인 아세예프 대위를 구하고, 적기 1대를 격추시켰으며, 적기 1대에 치명적인 피해를 주었음. 1953년 2월 19일 공중전투에서 적기가 그의 상관을 공격함. 튜린 대위는 과감하게 상급자에 대한 공격을 격퇴하고 그의 생명을 구함. 1953년 5월 23일 튜린 대위는 착륙 중 적군의 F-86기에 의해 공격받음. 이 공중전에서 그는 인내와 침착성과 저공에서의 훌륭한 비행기 조정술의 모범을 보임. 그를 격추시키려던 F-86기의 모든 노력은 수포로 돌아감."

1954년 6월 4일자 상훈 목록에 있는 포고령에는 세르게이 티모페예비치 튜린이 '붉은 별' 훈장을 수여받았다고 적혀 있다. 튜린은 반세기 전 한국전쟁 때의 아슬아슬한 경험들을 털어놓았다.

1949년 사관학교를 마친 나는 연해주에 배치됐고 방공전투비행단 소속으로 스파스크에서 복무하게 되었다. 1950년 6월 25일 우리 비행단은 한반도에서 남한과 북한 사이에 전쟁이 발발했다는 소식을 듣고 전율했다. 이날부터 우리는 밤낮없이 소련과 중국 국경에 대한 항공정찰활동을 시작했다. 그리고 곧 신형 미그 15기를 갖춘 303항공전투비행단 보충대가 도착했다.

한반도에서 가혹한 전투가 진행되고 있던 1952년 여름 모스크바에서 일부 장군들이 우리 부대에 도착했다. 우리는 제국주의에 맞서 싸우는 북한 인민을 도와야 하는 책임을 완수해야 한다는 통보를 받았다. 우리는 연병장에 도열해 섰다. 우리에게 떨어진 명령은 간단 명료했다. 우선 임무에 동의하는 사람은 자발적으로 앞으로 나오라 는 것이었다. 거의 모든 부대원들이 이에 응했으나 몇몇 사람들은 자리에 그대로 남았다. 그때 남은 사람들의 운명에 대해서는 이후 아무것도 듣지 못했다. 우리는 곧 1년 하고도 10일이 걸린 긴 복무에 들어갔다.

우리는 스파스크에서 국경지역의 철도역에 도착했다. 그곳에는 중국의 수송열차가 기다리고 있었다. 우리는 중국 군복과, 마오쩌둥의 상의처럼 재단된 카키색 재킷, 짙은 청색 바지와 짙은 갈색 군화, 그리고 권총을 지급받았다. 소련 군복과 서류는 보관 위탁되었다. 모든 이에게 증명서로 확인된 중국 이름이 붙여졌고, 이렇게 해서 나도 샤오 린이라는 이름을 얻게 되었다.

수송열차는 그로데코프 지역에서 국경을 가로질러 우리를 중국으로 실어갔다. 북중 국경 근처 공항에는 북한 국가 표시가 달린 미그기가 우리를 맞이했다. 긴장된 한 달간의 비행훈련과 중국 현지 적응이 끝나자 드디어 명령이 떨어졌다. 이제부터 전투에 참전하는 것이다. 우리에겐 단둥 지방의 대형 발전소, 그리고 중국과 북한을 연결하는 압록강의 긴 철도를 공중에서 엄호하는 임무가 맡겨졌다. 이 철도를 통해 소련에서 북한으로 전략물자의 공급이 이루어지고 있었다. 소련 조종사들에 의해 통제되었던 이곳을 미군은 '미그기의 골짜기'라고 불렀다. 이 다리와 발전소는 그들이 폭격해야 하는 주요 표적이었기 때문에 격렬한 전투가 끊임없이 벌어졌다.

한국전쟁 초기에 조종사들에겐 비행 중 러시아어 사용이 금지되었다. 그들은 평판에 한국어 단어와 표현을 러시아어 문자로 썼고, 이를 이용해 서로 연락을 취하거나 위험을 경고했다. 평판은 왼쪽 무릎에 고정되어 있었다. 만약 이 명령이 그대로 이행되었다면 많은 군인이 한반도에서 전사했을 터이다. 전투는 순식간에 벌어지는 것이기 때문에 조종사들은 공중에서 이 '컨닝 페이퍼'를 잊어버리고 간단하지만 표현이 풍부한 러시아어로 소리치기 일쑤였다. 우리 비행 중대가 전투에 참여할 시기쯤 되어 한국어 단어와 표현을 사용하라는 말도 안 되는 명령은 철회되었다.

당시 소련 조종사들은 38선 이남이나 서해상으로 비행하는 것이 금지되었다. 이는 격추되어 적군의 포로가 되지 않도록 하기 위함이였다. 한번은 발전소와 다리를 공격하는 미군기를 뒤쫓은 적이 있다. 하지만 미군기는 우리의 명령을 알고 있었기 때문에 곧장 바다 쪽으로 달아났고, 소련기는 돌아설 수밖에 없었다. 그러자 상황이 역전되어 미군기가 우리 뒤를 뒤쫓았다.

미군 조종사들은 피스톤식 비행기로 전투를 수행하고 있었는데 소련의 제트 미그기에 견주면 속도와 장비 측면에서 많이 뒤떨어져 있었다. 우리는 화포 세 대에 37mm와 23mm 구경이 장착되어 있었다. 이것은 한 번 격발로 동시에 일제사격을 가할 수 있는 것들이었다. 만약 탄환이 적기에 명중하면, 적기는 산산조각이 났다. 당시 우리의 비행기 손실은 열 대에 한 대꼴이었는데, 우리가 미국 비행기를 열 대 정도 격추시키면, 그들은 우리 비행기를 한 대 정도 격추시켰다.

공중전에는 양쪽에서 수백 대의 전투기가 충돌하곤 했다. 공중에서의 전투는 믿기 어려울 정도로 치열했다. 전투기들은 지상에서부터 1만 5천m 상공에 이르기까지 서로 쫓고 쫓기는 추격전을 펼쳤다. 남한에서는 미군의 정예 조종사들이 전투를 수행했다. 그들은 훌륭하고 용감한 전투비행사들이었다. 그러나 피스톤식 전투기로는 패전을 거듭할 수밖에 없었다. 마침내 제트 '세이버'기가 투입되었다. 세이버기가 한반도에 투입되자, 미군기의 손실은 줄어들기 시작하여 소련기 한 대당 미군기 두 대꼴로 격추되었다.

미그기가 지닌 고도의 전략적, 기술적 특징들은 적군으로 하여금 이 전투기를 손에 넣고자 하는 욕심을 내게 했다. 미군은 10만 달러의 상금을 걸고 미그기를 몰고 오는 사람에게 지급하겠다는 삐라를 살포했다. 얼마 뒤에는 포상금이 백만 달러로 올랐다. 그러나 그들은 우리의 전투기를 얻지 못했다. 소련의 조종사들이 맹세를 지켰던 것이다. 반대로 우리가 미군의 세이버기를 손에 넣었다. 나의 동료가 세이버기에 손상을 입혀 우리 지역에 착륙시킨 것이다.

미군 조종사들은 100번의 전투 비행을 하겠다는 계약을 맺었다. 그들이 미그기를 격추하면 열 번의 전투 비행을 한 것으로 계산되었고, 거액의 포상금이 주어졌다. 나는 미군 조종사 중에 우리와의 전투에서 누가 최고의 전과를 올렸는지 모르지만 우리 중에서 최고의 전과를 올린 조종사는 미군기를 23대나 격추시켰다. 20대의 적기를 격추시킨 조종사가 뒤를 이었다.

미군 조종사들은 자신의 비행기에 별 이상한 그림을 그려놓았다. 한번은 세이버기의 공격을 받은 적이 있었다. 나를 공격하는 전투기 아래 부분에 혀를 내밀고 있는 나체의 여인상이 그려져 있었다. 원래 우리는 히틀러에 맞서 연합군으로 참전했던 미군을 신사적으로 대했었다. 그러나 그들이 총탄도 없고 화기도 갖추지 않은 채 착륙하던 미그기를 공격하고 낙하산을 타고 탈출하는 조종사들에게 기관총 사격을 가하기 시작했을 때부터 그들은 우리의 진짜 적군이 되었다.

내가 동료와 함께 짝을 이뤄 전투 임무를 마치고 돌아오고 있던 때였다 이미 화포도 닫고 착륙 채비를 하고 있었다. 그때 돌연 구름 뒤에서 세이버기 두 대가 공격을 가해왔다. 그들은 거의 활주로 가까이 도달한 내 동료의 전투기를 격추시켰다. 그런 후 미군기 한 대는 옆쪽으로 비켜났고, 다른 한대가 나를 공격해왔다. 이미 착륙기어가 내려진 나의 미그-15기는 그야말로 독안에 든 쥐였다.

나는 재빨리 착륙기어를 비행기 안으로 집어넣고, 오른쪽으로 급하게 기수를 돌린 뒤 제트 추진기로 전력을 다해 고도를 올렸다. 그리고는 전투기를 수직 강하시켜 거의 지상까지 내려온 뒤 다시 최대로 고도를 올려 미군기가 도저히 추격해올 수 없도록 했다. 엄청난 압력을 느끼며 나는 전력을 다해 반격을 가했다. 양쪽에서 이미 고사포를 조준하고 있었다. 사격이 격렬해 누가 먼저 떨어질지 알 수 없었다.

미군기는 지상 200여m 상공에서 나를 추격하기 시작했다. 3천m 상공에 올라가서야 간신히 적기를 따돌릴 수 있었다. 나는 거의 정신을 잃었고, 연료가 다 소진됐다는 비상등이 깜박이고 있었다. 나는 숨만 쉬고 있었을 뿐 죽은 목숨이나 다름없었다. 간신히 착륙은 했으나 밖으로 나올 수가 없을 정도로 기력이 소진되었다. 동료들의 팔에 이끌려 조종석에서 나올 수 있었다.

이런 극도의 압력을 중국이나 북한 조종사들은 이겨낼 수가 없었다. 무엇보다 그들은 잘 먹지 못해 소련 조종사들에 비해 몸이 부실했다. 그들은 공중전에서 적군을 따돌리기 위한 고공 조종술을 실행할 수 있는 힘이 없어 종종 전투에서 지곤 했다. 소련의 전문가들은 마오쩌둥에게 조종사들은 잘 먹어야 한다고 말한 바 있다. 위대한 지도자 동지는 중국에 물자가 귀해 그 자신도 조금밖에 먹지 않는다고 대답했다. 소련의 군사 전문가들은 그가 압력이 없는 지상에만 있기 때문에 상공에서의 압력은 모른다는 것을 알아차렸다. 조종사들은 매일 상공으로 이륙하는데 먹은 것이 없는 조종사들은 그대로 사망해 전투기를 잃곤 했다. 따라서 조종사들은 칼로리가 높은 음식을 섭취해야만 했다.

우리는 스탈린보다 더 잘 먹었다. 점심은 두 차례에 걸쳐 포식했고 저녁에는 돼지나 오리고기가 중국식으로 요리되어 식탁에 올라왔다. 소련 조종사들은 적지 않은 봉급인 한 달에 중국돈 400만 위안을 받았다. 100만 위안을 가지면 사복을 살 수 있었다. 당시 소련에서 이런 사복을 입는 것은 사치로 간주되었다.

우리는 중국의 소도시 가운데 한 곳에 있는 옛 만주 황제의 궁전에 머물고 있었다. 궁전 안에는 수영장이 있었고, 안락한 휴식을 취할 수 있는 모든 시설이 갖추어져 있었다. 하지만 휴식을 취할 수 있는 시간은 거의 없었고, 우리는 대부분의 시간을 상공에서 보내야만 했다. 어떤 경우에는 24시간 동안 5~6 차례의 공중전을 펼쳐야 했던 때도 있었다.

아주 가끔이긴 했지만 비행이 없는 날 우리는 중국에 살고 있던 러시아인 이민자의 딸들을 욕정어린 눈으로 바라보곤 했다. 러시아 여인들은 반바지에 블라우스를 입고 매력적인 어깨를 드러낸 채 거리를 돌아다녔다. 하지만 우리가 쉴 때는 탄약통에 휘감긴 커다란 모제르총을 가진 중국 군인들이 항상 우리와 함께 있었다. 만약 여자를 밝히는 누군가가 "여자가 필요해?"라는 말을 꺼내면 그 즉시 중국 경비대원들이 쫓아내버렸다.

우리가 굉장히 싫어했던 특임 방첩대원들은 조종사들의 도덕성을 엄하게 요구했다. 그들은 우리들 가운데 누군가 여자에 현혹되거나 세속적인 생활에 빠져 적군에 넘어가는 것을 경계했다. 모든 일에 경계 조치가 취해졌고, 심지어 화장실에 갈 때도 무장한 세 명의 경비

원이 조종사와 동행했다. 소련과 중국의 비행 중대는 바로 옆에 주둔
해 있었는데, 양국간 조종사들이 서로 교제하는 것도 금지되어 있었
다. 임무 수행을 끝마쳤을 때 우리는 소련 훈장뿐 아니라 중국 훈장도
함께 받았다.

곤들매기가 춤추는 그림 속의 여인

비상하는 학의 마을이라는 뜻을 가진 한 마을은 평양에서 개성으로 가는 중간쯤에 자리하고 있다. 이 마을에 있는 양어장으로 가던 중 북한에서 장수의 상징으로 통하는 학 10여 마리가 비상하는 것을 보았다. 간선도로에서 벗어나자 아스팔트 도로가 끊기고 비포장도로가 나타났다. 30여 분 간 높은 콘크리트 벽으로 둘러싸인 미로에서 헤맸다.

오르막길로 올라서자 담장 너머로 사람들이 모여 사는 농장이 보였다. 안쪽으로 가건물 같은 1층짜리 건물들이 있었는데, 작은 길들이 그곳으로 나 있었다. 농장 앞에 서 있는 화강석 근처에 잠시 멈춰 섰다. 2001년 7월 11일 김정일이 이 농장을 방문했을 때 했던 어록이 새겨져 있었다. 근처에 관람객을 위한 한국식 정자가 있었다.

아래쪽으로 내려다보이는 풍경이 범상치 않았다. 20여 개의 작은 연못 수면에는 하늘의 뭉게구름들이 둥실둥실 떠다녔다. 20ha쯤 되

는 직각사각형 모양의 연못들 사이로 작은 길이 나 있었다. 양어장에서는 120여 명의 일꾼들이 작업을 하고 있었는데, 잉어와 곤들매기를 양식하고 있었다. 곤들매기 떼가 제일 많아 3만 마리가 넘었다. 양어장 길이가 무려 3km에 달했다. 이 양어장에서는 한 해에 50t 가량의 곤들매기를 생산한다고 한다.

연못들 사이에 울타리가 처진 사람 키 높이의 초지가 있었다. 여기서 자라는 호박은 이미 수확이 끝났는데, 이러한 호박류는 이 협동농장에서 키워지는 돼지, 오리, 거위의 사료로 사용된다. 사료통을 들고 한 젊은 여자가 다가왔는데, 그녀는 양어장 뒤에 커다랗게 세워져 있는 물고기에게 모이를 던져주는 아가씨를 그린 그림 속의 인물과 외모가 아주 흡사했다. 놀랍게도 손씨라는 성을 가진 이 아가씨는 캔버스에 그려진 바로 그 주인공이었다.

김정일이 이 농장을 방문했을 때 그녀는 곤들매기에게 모이를 주고 있었다. 이른 아침이었다. 양어장을 보여준 뒤 관계자들은 김정일에게 곤들매기를 어떻게 양식하는지를 실제로 보여주기로 했다. 그녀는 모이를 던져주기 시작했다. 그런데 물고기 한두 마리가 수면 위로 머리만 쏙 내밀었다가는 다시 물속으로 들어가버렸다. 아가씨는 당황했지만 친애하는 지도자 동지는 그녀를 안심시켰다. 그들은 곤들매기들이 뛰어 오르는 모습을 보기 위하여 5시간 40분을 기다려야 했다.

화가 한 사람이 이 사실을 약간 과장하여 곤들매기들이 연못을 휘저으며 즐겁게 '춤추는' 모습을 화폭에 담기로 했다. 러시아에서 이런 것은 '사회주의 리얼리즘'이라고 불린다. 회화와 문학을 포함한 다양한 예술 분야에서 사회주의 리얼리즘의 장르에 속하는 작품들이야말로 완벽한 클래식 작품이라고 사람들은 생각한다.

손님을 후하게 대접하는 주인들이 생선국을 맛보려면 시간이 별로 없다고 재촉했다. 우리는 이른 아침이라 게으른 생선 못지않게 우리도 아직 준비가 안 됐다고 농담을 건넸다.

야생호랑이는 사라졌는가

원숭이는 타고난 곡예사이다. 그러나 고릴라의 곡예를 본 것은 평양 동물원에서 '최선'이라는 별명의 고릴라가 처음이었다. 최선은 둥근 횡목 위로 올라가 앞으로 굴리며 나가는 묘기를 시작으로 여러 가지 체조 동작을 선보였다. 공터에서 뛰어올라 뒤로 돌아 공중 회전하는 연기는 큰 박수를 받았다. 고릴라는 100kg 가까운 육중한 무게에도 불구하고 이 어려운 동작을 아주 가볍게 해냈다. 그것도 얼굴 한 번 찌푸리는 일 없이 아주 진지하게 선보였다.

평양의 동물원은 특히 아이들이 좋아하는 곳이다. 아이들은 이쪽 저쪽 우리를 옮겨 다니면서 우리 일행의 카메라 앞에서 계속 포즈를 취해주었다. 평양의 동물원은 면적이 300ha 정도에 달해 세계에서 가장 넓은 동물원 중의 하나다. 동물원에는 400여 종의 4,000여 마리 동물들이 살고 있다. 기기묘묘한 물고기들이 헤엄치고 있는 거대한 수족관은 매주 물을 갈아주는데, 한 번 갈아주는 신선한 해수의 양이

50㎥에 이른다.

사슴, 꿩, 공작새, 코끼리, 침팬지, 뱀, 새들은 야생으로 방목되고 있었다. 과학 연구센터가 있는 동물원 부설학교에서 교육받은 축산학자들이 이 동물들을 보살핀다. 공휴일이면 이 동물원에 4만여 명의 관람객이 몰린다.

동물들 중에서 무엇보다 우리의 관심을 끈 것은 줄무늬 호랑이였다. 러시아에서 이 호랑이들은 '아무르 호랑이'라 부르고 북한에서는 '한국산 호랑이'로 불린다. 30년이 넘게 겁없이 호랑이 우리를 들락날락한 호랑이 사육자는 암호랑이가 이미 6마리의 새끼 호랑이를 낳았다고 했다. 새끼 호랑이들 모두 다른 나라의 동물원으로 보내졌다.

과거 호랑이는 러시아, 중국, 한국의 국경지대에 널리 퍼져 살고 있었다. 표범, 사슴, 멧돼지들도 세 나라 국경을 자유롭게 넘나들었다. 이때만 해도 야생 동물들의 천국이었던 시기였다. 연해주와 한국을 방문했던 유명한 러시아의 학자 니콜라이 프르제발스키가 19세기 중반에 쓴 책을 보면 그 시절엔 야생동물의 모습을 흔히 볼 수 있었다.

오늘날 가시철조망으로 둘러쳐진 국경은 맹수들이 이동하는데 만만치 않은 장애가 되고 있다. 호랑이를 비롯하여 북동 타이가 지역에 서식하는 모든 동식물들을 위협하는 가장 큰 위험은 무자비하게 압박해오는 문명화 과정이다. 1930년대만 해도 지구상에는 10만 마리 정도의 호랑이가 서식하고 있었다. 그러나 현재 전 세계에 살고 있는 호랑이는 모두 합쳐봐야 7~8천 마리 정도밖에 되지 않는다. 시호테-알린 산에는 현재 300~400마리 정도의 호랑이만 남았다.

100년 전만 해도 연해주, 만주, 북한의 거주민들은 마을까지 내려

와 사육 동물들을 탈취해가는 호랑이들을 사냥해야만 했다. 연해주
의 사업가이며, 나중에 북한으로 이주했던 유명한 사냥꾼 유리 얀코
프스키는 한반도에서 사냥을 많이 해 학술적 가치가 높은 야수들의
컬렉션을 만들었고, 다른 한편으로 야생 맷돼지나 호랑이들의 공격
으로부터 농부들을 보호해주었다.

오늘날 호랑이는 한국, 중국, 러시아의 동물 목록에서 사라질 위기
에 처했다. 전문 브로커들은 호랑이 가죽과 뼈를 팔아 5천~7천 달러
정도를 받는다. 중국인과 한국인들은 민간요법에 따라 귀에서 꼬리
까지 호랑이의 몸 전체를 사용했다. 민간요법의 전통을 유지하기 위
해 중국에서는 호랑이 농장을 만들기도 했다.

한국에서 호랑이는 영물이다. 그러나 야생 호랑이가 한반도에서
목격된 것은 1922년이 마지막이다. 이 숲 속의 제왕은 정말로 연해주
지방과 한국인의 옛날이야기, 또는 화가의 그림 속이나 동물원에만
남아 있게 된 것인가?

평양에 최초로 세워지는 러시아 성당

내가 왜 하바로프스크의 성당에서 한 시간 내내 종소리를 듣고 있는지 이해하는 사람이 아주 적습니다. 나는 러시아 인민의 심중에서 솟아나는 정교의 믿음에 젖고 싶었습니다. 저는 이미 우리의 수도 평양에도 이러한 성당을 지으라는 명령을 내렸습니다.

2003년 9월, 27m 높이의 삼위일체 정교회가 세워지고 있는 북한의 촌백지역 건설현장에서 나는 2002년 8월에 김정일이 했던 이 말을 생생하게 떠올리고 있었다. 무게가 4t에 이르는 세 개의 종이 러시아에서 만들어지고 있고, 1년 뒤에는 북한 땅에 그 종소리가 울려 퍼질 것이다. 그리고 이 성당은 500여 명의 신도를 수용할 것이다.

오랫동안 한국의 문화와 역사 속에서 중요한 구실을 했던 종교는 샤머니즘, 도교, 유교와 불교이다. 샤머니즘은 인간을 둘러싸고 있는 모든 현상과 사물에 영혼을 부여한다. 수세기 동안 샤머니즘은 종교 가운데 가장 주요한 자리를 차지해왔다. 불교는 중국 수도승들의 도움으로 한국에서 4세기경부터 퍼지기 시작했다. 유교는 한국에서 도덕과 윤리 교육의 중요한 모델로 받아들여졌다. 기독교는 유럽에서 가톨릭이 들어왔고, 미 대륙에서 개신교가 들어왔다. 러시아로부터는 정교가 들어왔다. 19세기 말에서 20세기 초에 한반도에서 러시아 교회의 예배가 시작되었고, 남한에서는 지금까지 러시아 교회 활동의 성과들이 가시적으로 드러나 일부 정교회 교구가 활동하고 있다.

2002년 여름 러시아 극동지역에서 돌아오자마자 김정일은 '정교위원회'를 구성하라고 지시했다. 2002년 9월 25일 정교위원회가 공식적으로 출범했다. 우리는 앞으로 세워질 성당 앞 광장에서 정교위원회의 위원장 및 부위원장을 만났다. 그들이 성당 의식을 배우기 위해 실제 건설되고 있는 성당을 방문했던 블라디보스토크에서의 만남을 회상하며 대화를 나눴다. 북한의 건축가들은 정교회 건축양식을 직접 배우기 위해 모스크바를 다녀가기도 했다.

평양에 세워질 성당의 모형은 매우 아름다웠다. 수백여 개의 러시아 성당을 빼닮았지만 교회 전체를 감싸는 한국적 냄새가 이 성당에 특별한 아름다움을 더하고 있었다. 2003년 6월 24일 삼위일체 성당의 기공식이 장엄하게 진행됐다. 첫번째 돌은 모스크바에서 온 클리멘트 대주교가 봉헌했다. "모스크바에 있는 러시아 대주교가 한반도 상황을 유심히 관찰하고 있으며, 삼위일체 성당의 건설은 북러 사이의 수세기에 걸친 종교적 유대를 반영하는 것으로 간주하고 있다"는 인사말을 전달했다.

현재 네 명의 북한 학생이 모스크바 정교 수도원에서 공부하고 있으며, 모스크바에서 온 러시아 정교 신학생들은 한국어를 배우며 김일성대학에서 연수하고 있다. 현재 성당 건축은 3분의 1 정도가 완성되었다. 북한 사람들의 근면함은 익히 알고 있지만 2004년 성탄

절까지 완공하겠다는 목표를 달성하기는 어려워보였다.

헌법에 따르면 북한 사람들은 종교의 자유를 갖고 있다. 하지만 실제로 반세기 동안 무신론을 선전해왔다. 오늘날 북한 주민들은 지도자 덕분에 정교에 귀의할 수 있게 됐다. 북한에서 첫번째 정교 성당으로 삼위일체 성당이 된다는 사실은 특별한 상징적 의미가 있다. 성인(聖人)으로 러시아 땅의 수호자인 세르게이 라도네즈스키가 러시아에 최초로 삼위일체 수도원을 세운 바 있다. 통합과 합의를 상징하는 삼위일체 성당은 한반도의 수호자가 될 것이며, 종교적 측면에서 남북 통합에도 기여할 것으로 보인다.

김정일이 보내준 고려인삼

8 00여 년 전 고려 왕조의 수도였던 개성에는 100만 명 정도의 인구가 살고 있었다. 연이은 전쟁으로 개성은 그 기반까지 완전히 파괴되었다. 20만 명의 인구를 가진 현재의 도시 모습이 형성된 것은 넓은 대로와 고층 건물 덕분이다. 중앙 도로에 인접한 옛 도시의 모습과 독특한 고려의 건축술로 만들어진 기념비가 이국적 정취를 불러일으킨다.

도시 전체가 박물관인 러시아의 수즈달이나 노르웨이의 프라드웬과 비교하면 개성의 박물관은 웅장한 느낌은 덜하다. 10개의 단층 건물 주위에 길이 300여m, 폭 50여m의 광장이 있었다. 그 안에 카페, 기념품 가게와 여행객을 위한 시설들이 마련돼 있다. 우리가 도착했을 때 특별 광장에 두 대의 자동차가 서 있다가 승객들이 차에 오르자 출발했다. 그러나 우리는 고대 역사에 사로잡혀 그곳에 남았다.

개성의 목가적인 풍경은 실로 동화 속의 모습이었다. 모든 것이

마치 영화를 찍기 위해 특별히 지어진 것처럼 보였다. 개성을 두 지역으로 나누며 흐르는 작은 강조차도 자연 그대로였다. 조그마한 강은 돌 투성이의 바닥을 굽이쳐 지나가고 있었다. 산중의 원천에만 있을 법한 믿기 어려울 정도로 투명하고 깨끗한 물이 아름다운 회색 돌 위로 흐르고 있었다.

머리를 젖혀 건물들의 기와지붕을 쳐다보았다. 날아갈 듯 휘어진 처마 끝이 마치 환상의 새 날개의 형상을 닮아 있었다. 전통적인 한국 건축에서는 조형미상 지붕은 항상 강조되어 왔다. 이로 인해 많은 경우 건축물들은 이국적 정취와 더불어 똑같이 만들어질 수 없는 형상을 지니게 되었다. 횡목들에 칠해진 화려하고 다양한 색감도 눈에 띄었다. 이는 나무가 썩는 것을 방지해주고, 미신에 따르면 악령을 몰아내준다고 했다.

문지방을 밟으면 화를 불러올 수 있다고 하여 방안으로 들어서면서 조심스럽게 문지방을 넘었다. 문 앞에 발이 내려진 옆방에서 우리는 한국 풍습에 따라 전통 음식을 맛보았다. 전통 의상을 입은 북한 아가씨들이 낮은 식탁을 들여왔다. 식탁에는 반찬이 담긴 칠기 그릇과, 은수저, 도금한 찻잔 등이 놓여 있었다.

나는 편안한 자세로 앉기 위해 한참을 고생해야 했다. 처음엔 요가 자세를 취했다. 그러다가 무릎을 턱에 괴고 무게 중심을 잡기 위해 왼팔로 다리를 감싸 안았다. 무릎을 꿇고 앉는 것도 시도해봤으나 오래 견딜 수 없었다. 마침내 나는 식탁에 바싹 다가간 후 넙적 다리를 깔고 앉는 이상한 자세를 취할 수밖에 없었다.

아가씨가 향이 없는 투명한 액체를 아주 작은 잔에 따라 주었다. 그 유명한 '고려 인삼주'였다. 20~25도 정도의 보드카 맛이었다. 반찬으로는 고추를 많이 넣어 맛을 낸 오이소박이, 고사리 나물, 김치, 한약제에 후추를 곁들인 양배추, 콩장, 육포라고 불리는 얇게 자른 말린 고기, 절인 생선, 삶은 감자 등이 나왔다. 맨 나중에 쌀밥이 나왔다.

나는 한국 사람들이 좋아하는 음식인 북한식 장터국수를 먹었는데, 정말 감탄사가 절로 나왔다. 국수는 밀가루나, 메밀, 감자 또는 옥수수로 만든다. 러시아 국수나 이탈리아의 스파게티를 닮은 면발을 고기 국물에 넣어 먹는다. 고기 국물을 내는 데 가장 귀한 고기는 꿩고기이다. 그 다음이 쇠고기와 닭고기이다. 나는 식도락가가 아니기 때문에 우리가 먹은 국물에 꿩고기가 들어갔는지, 닭고기가 들어갔는지는 알 수 없지만 분명한 것은 국수가 대단히 맛있었다는 점이다.

고도 개성에서 민속 음식을 맛보면서 연해주에서 활동하는 고려인 시인인 라이사 모로즈의 뛰어난 시를 떠올렸다. 소련 치하에서 고려인의 불행한 운명에도 불구하고 고려인들은 민속 음식을 소중하게 보존하려고 노력한다는 생각이 들었다. 이 시는 한국적 삶에 대한 감상적 느낌을 비유적으로 잘 전해준다.

11월에 김치를 준비할 때면,
웅덩이에는 얇고 부서지기 쉬운 살얼음이 끼어 있다네.
배추더미가 마당에 쌓여 있다네.
엄마는 공처럼 속이 꽉 찬 커다란 배추를 들고 서 있다네.
엄마가 배추를 어루만진 후 통에 집어넣으면,
나는 눈을 찌르는 듯한 고추와 마늘을 버무린다네.
얼굴에는 촉감 좋은 손수건을 눈까지 덮어 쓰고.

식사가 끝난 후 관광지를 천천히 돌아보며 출구 쪽으로 향했다. 밖에는 현재 개성 사람들이 살아가는 모습이 재현되고 있었다. 소련 공산당원들이 지나가고 있었고, 자전거를 탄 어른들이 눈에 띄었으며, 교차로에서는 트럭들이 전속력으로 방향을 틀고, 거리의 가판대에서는 냉음료를 사고파는 소리가 활기차게 들렸다.

내가 이 도시의 일상을 사진에 담기 위해 앞으로 나가려 하자 갑자기 경비병들이 나타나, 커다란 쇠문으로 통로를 가로막았다. 나는 우두커니 서 있었다. 경비원은 나에게 팔을 뻗어 아무짓도 하지 말라고 명령했다. 나는 미안하다는 몸짓을 하고, 쇠 철문 사이로 사진을 찍었다. 그것까지 막지는 않았다.

우리와 동행했던 북한 사람들이 다가왔다. 고려청자가 전시돼 있는 개성 박물관과 개성 인삼밭을 가보고 싶다는 우리의 요청에 다음 기회에 가자고 말했다. 나중에 김정일의 이름으로 우리에게 보내진 선물 중에는 약효가 가장 뛰어나다는 인삼밭에서 재배된 귀한 고려인삼이 있었다. 최신 연구에 따르면 개성의 고려인삼은 특별한 약효로 인해 항 방사선 효과와 암 예방 효과가 있으며 그 효력이 오래 간다고 밝혀졌다.

검소하면서도 화려한 평양의 지하철

2001년 러시아를 처음 방문할 당시, 김정일은 노보시비르스크에서 지하철역에 가보고 싶어 했다. 그는 에스컬레이터를 타고 밑으로 내려가 플랫폼을 따라 걸었다. 그가 1987년 10월에 방문했던 평양의 지하철과 러시아의 지하철을 비교하고 싶었던 것이다.

김정일이 방문했던 평양의 '영광역'은 고려호텔에서 한 구역 거리에 있었다. 150m 길이에 45도 각도로 놓여진 에스컬레이터는 100m 아래의 지하로 승객을 부지런히 실어 날랐다. 평양 전경이 그려진 벽화가 지하철역을 장식하고 있었다. 이 벽화들은 백장미와 연보라색과 하늘색을 띤 수만 개의 화초 모자이크로 이루어져 있다. 대리석 기둥이 원형 천정을 받치고 있고 천정의 화려한 크리스탈 샹들리에는 영원히 얼어붙은 꽃불처럼 보였다.

지금으로부터 30년 전인 1973년 9월5일, 평양에 최초의 지하철역이 건설되었다. 오늘날 평양 지하에는 35km에 이르는 두 개의 지하철

노선이 있다. 본선인 '혁신' 노선에 8개의 역이 있고, '천리마' 노선에
는 9개의 역이 있다. 지하철은 하루에 7만여 명의 승객을 실어 나른
다. 오전 6시부터 밤 10시까지 운행되는 지하철은 네 대의 객차로
이어져 있다. 앞으로 외곽 순환노선과 평양 근교의 서쪽 지선 부설이
계획되고 있다. 짙은 청색 제복과 모자를 쓴 여군들이 지하철역에서
봉사하고 있다.

우리가 객차 안으로 들어서자 한순간 조용해졌다. 묘한 긴장감마
저 감돌았고 승객들은 우리 곁에서 가능한 한 멀리 떨어지려 했다.
3분 후 다음 정류장인 '부흥'역에 도착했다. 부흥역은 기둥 장식으로
장미빛 대리석이 이용되었고, 역 전체가 장식 유리들로 치장되어 있
었다. 에스컬레이터로 향하는 통로에는 커다란 회화 작품이 걸려 있
었다. 김일성을 필두로 일본 점령군에 대항해 싸우는 독립 투쟁의
순간을 그린 그림이었다. 스피커에서는 애국심을 고취시키는 행진곡

이 흘러나오고 있었다. 머지않아 건국 55주년 행사가 열리게 되어
있었다.

　평양의 지하철역은 프랑스, 미국, 이탈리아의 역보다 훨씬 깨끗하
고 화려했다. 유럽과 미국의 지하철 역사는 낡고 보수도 제대로 안
되어 더러운 쓰레기투성이다. 물론 파리의 지하철역에서는 향긋한
프랑스 향수 냄새가 여러분을 휘어잡기는 하겠지만 말이다.

최초로 북한 인민군 특수부대를 들여다보다

북한 인민군의 부대시설은 러시아군과 별 차이가 없다. 입구에 무장 경비원이 서 있고, 안쪽으로 긴 가로수 길과 잘 정돈된 작은 길이 나 있다. 군인 클럽, 장교 식당, 창문에 호기심어린 여자 얼굴들이 그려진 4개의 5층짜리 숙소, 사열을 위한 연병장과 여러 가지 장애물이 세워져 있는 넓은 공터 등이 딸려 있다. 공터에는 2층 높이의 공간이 뚫린 공습 방어벽과 웅덩이 참호, 지하 벙커, 권총과 자동소총 사격 연습을 위한 목표물들이 세워져 있었다.

러시아 사절단을 위해 군사령부 테라스에 좌석이 마련되었다. 특수 임무를 띤 북한군의 연습 광경이 잘 보이는 자리였다. 1시간여 동안 군인들은 백병술, 근거리 및 장거리에서의 고정 또는 이동 목표물에 대한 사격 및 공중 점프 등의 시범을 보였다. 군사 시범이 빠르게 진행되어, 마치 전설적 액션배우인 이소령이나 성룡 같은 잘 연출된 영화배우들의 동작을 보는 듯했다.

처음에는 무기 없이 조르기 및 뜀뛰기 시범이 열렸다. 다양한 자세와 전투 준비, 민첩한 이동 동작, 정확하고 간결하게 거꾸로 돌고 착지하는 동작 등의 시범이 펼쳐졌다. 다음으로 공격자와 방어자 사이에 다양한 공격 형태들이 결합된 시범이 행해졌다. 격투의 형태가 점점 복잡해지더니 군복을 차려 입은 군인들의 격투 시범으로 끝이 났다.

백병전 시범은 칼과 삽 또는 권총 같은 무기를 사용했다. 북한 특수병들은 칼이나 소총으로 공격하거나 권총으로 위협하는 적의 무기를 맨손으로 제압하는 시범을 보였다. 또한 목표물에 정확한 총격을 가하고 고층 벽에 포격을 가하는 등의 전술도 선보였다.

인민군 부대에서 보여준 것은 훌륭한 평가를 내릴 만했다. 또한 북한 군인들의 특수훈련에 대해 좀더 깊게 이해할 수 있는 계기가 되었다. 모든 훈련은 군인들이 자신의 힘에 대한 확신과 적군에 대한

우월감, 그리고 수적으로 우세한 적군에 맞서 승리할 수 있다는 자신
감을 갖는데 초점이 맞춰져 있었다.

김정일 국방위원장의 초청으로 북한을 공식 방문한 유리 야쿠보프
장군은 여러 북한군 기지를 방문했고, 특수군의 훈련을 참관했다.
야쿠보프는 미군이나 남한의 특수군이 북한 특수군과 비교될 수가
없다고 생각했다. 김정일은 야쿠보프 장군에게 "우리 군대가 군사
기술적 측면에서는 적군에게 뒤질지도 모르지만 사기 면에서는 그
누구에게도 굴복하지 않을 만큼 강하다"고 말했다.

북한에서의 군인 교육은 스파르타식이다. 군인들은 2층 막사에서
잠을 자며, 베게 대신 딱딱한 침목을 베고 잔다. 야쿠보프 장관이
본 바에 따르면 남쪽 군인들도 비슷한 생활을 한다고 한다. 북한 군인
들은 개별 침낭을 가지고 있다는 점에서 좀더 편안한 측면이 있고,
병영 안도 따뜻하다.

야쿠보프 장군이 놀란 것은 북한 군대에는 각 부대별로 연못이
있고 이곳에서 양식한 2.5kg짜리 매기들을 부대원들의 식탁에 올린
다는 사실이다. 북한의 모든 군사 시스템은 중국과 유사하며 남한의
시스템은 미국과 유사하다. 남한 군인들은 물고기를 양식하지도 않
고, 밭을 재배하지도, 수확하지도 않는다. 그들은 군사 훈련만을 받는
다.

군 특수부대 방문이 끝났다. 풀리코프스키 전권 대사는 네 명의
특별히 선발된 북한 전투병과 힘찬 악수를 나눴다.

판문점, 통일된 한민족을 염원하면서……

비무장지대에 위치한 판문점은 평양에서 168km 떨어져 있다. 판문점까지 초지로 나누어진 아름다운 길이 뻗어있다. 대로는 텅 비어 있었다. 길가에는 꽃들이 일렬로 심어져 있고 나무들이 늘어서 있는 길 뒤로 펼쳐진 평야는 평화롭기만 했다.

길가를 따라 잘 손질되고 정돈되어 있는 농가들이 보였다. 지붕이 빛나는 노란색과 빨간색으로 덮여 있어 눈길을 끌었다. 자세히 보니 주민들이 옥수수와 고추를 말리고 있었다. 옥수수는 타작이 끝나면 빵에 들어가는 전분으로 만들어지며 고추는 가루로 만들어져 대부분 김치를 만드는데 쓰인다.

마치 화살처럼 쭉 뻗은 도로가 눈앞에 길게 펼쳐졌다. 이 도로는 때때로 산맥을 관통해야 했고 그때마다 부지런한 북한 노동자들이 앞장서 터널을 뚫는 모습이 눈에 보이는 듯했다. 우리는 약 200m에서 1.5km 길이의 터널을 20여 개 정도 지났다. 천장에 전등이 설치되어 있었지만 어느 터널에서도 불이 켜져 있지 않았다. 터널 안에서 운전사들은 헤드라이트로 길을 밝히고 시속 70km 정도로 가속 페달을 밟으며 달렸다.

도로가 좁은 계곡을 통과해야 할 경우는 도로 건설자들은 다른 기술적 해결책을 찾아야 했다. 그들은 콘크리트 기둥을 세워 도로를 같은 높이로 유지했다. 그리하여 평양과 판문점 간의 도로는 수평선을 보는 듯 평평하게 놓여졌다.

50km 정도를 달린 뒤에 휴게소에 잠시 정차하기로 결정했다. 길가에 버스가 서 있었고 그 주위에 사람들이 몰려 있었다. 재치 있는 통역관이 자동차 트렁크에서 마른안주를 꺼내왔다. 도로 오른쪽으로 숲이 나 있었다. 우리는 숲 속으로 30여m 들어가 보았다. 숲 속은 맥주병이나 플라스틱병, 폴리에틸렌통 등의 쓰레기 하나 없이 놀라울 정도로 깨끗했다. 러시아의 도로변에는 이런 것들이 난잡하게 쌓여 있다. 솔직히 말해 북한 사람들이 그토록 자연을 소중하게 대하는 데 크게 감동했다. 북한의 환경 상태는 현대 국가의 표준이라고 해도 과언이 아니다.

길가에서의 소풍은 길지 않았다. 승객을 태운 버스가 움직이기 시작했기 때문이다. 다행히도 우리는 자동차를 배경으로 북한 사람들의 사진을 찍어두었다. 누구도 우리를 위해 포즈를 취하지 않았지만, 그렇다고 얼굴을 돌리지도 않았다. 그들은 아무것도 두려워하지 않고 아주 자연스럽게 행동했다. 버스가 우리 앞을 지날 때 승객들에게 손을 흔들었고, 그들도 손을 흔들어 답례했다.

우리도 길을 떠났다. 길 양쪽으로 매우 높게 솟아오른 기둥이 볼거리였는데, 대체 무슨 용도로 쓰이는지 궁금했다. 전쟁이 발발할 경우 그 기반을 무너뜨리면 적군이 길을 지나가지 못하도록 막는 바리케이트가 된다고 했다. 한 곳에서는 기둥을 세우는 작업을 하고 있었다. 건설현장의 임시 막사는 없었고, 초록색 텐트만이 보였다. 그 안에 50여 명 정도가 들어가 쏟아지는 비나 작열하는 태양을 피할 수 있을 것 같았다. 음식을 조리할 수 있는 난로도 있었다.

초소병이 우리의 여권을 면밀히 살폈다. 국경에 가까워질수록 자동차 안을 주의 깊게 검사하는 무장 군인들의 얼굴이 더 굳어져 있었다. 초소 하나를 더 통과하자 우리는 반세기 전 남한과 북한 사이에 휴전 협정이 서명되었던 판문점으로 들어섰다.

오늘날 판문점은 낙원의 모습을 연상시켰다. 고요함, 잘 깎여진 잔디, 아름다운 건물들. 양쪽 무장 경비병들만이 전의를 불사르며 이곳이 국경지대임을 상기시켜주고 있었다.

북한 군인들이 우리를 맞았다. 인민군 대좌 한 사람이 38선 지역을 재생한 커다란 모형이 있는 특별 지역으로 우리를 이끌었다. 가느다란 지휘봉으로 미군의 위치와 북한 초소를 가리키며 설명했다.

"한 국가가 반세기 동안 남과 북으로 갈려 있습니다. 길이 240km에 폭이 4km에 이르는 비무장지대가 한반도를 동에서 서로 가로지르고 있고, 철근 콘크리트 벽이 세워져 있습니다. 이 벽의 남쪽으로 4만 명 이상의 미군과 1,000정 이상의 미군 무기가 배치되어 있습니다. 이산가족들은 서로 연락할 방법이 없을 뿐더러 서신 왕래조차 할 수 없습니다."

그곳에서 12km 떨어진 지점에 2002년 6월에 중요한 사건이 일어났던 장소가 나타났다. 남과 북의 철도를 연결하기 위하여 양측이 지뢰를 제거하기로 했던 장소이다. 비무장지대의 북쪽에 있는 마을에는 260여 가구가 거주하고 있다. 그들은 벼와 옥수수를 재배하고 있다. 일년에 두 번 수확을 하기 위해 생육기에는 감자와 밀과 콩을 심는다.

우리는 휴전협정이 조인되었던 목조 건물로 들어갔다. 1953년 7월 27일 오전 10시 인민군과 중국군, 그리고 유엔군 대표가 이곳에서 정전협정에 서명했다. 모든 것이 50년 전 모습 그대로 보존되어 있었다. 그러나 전쟁의 그림자는 아직도 판문점에 드리워져 있어서, 5m를 사이에 두고 남북한 군인을 가르는 초소가 마주하고 있다.

북한군은 그들 사령관의 지휘를 받고, 남한군은 붉은 베레모를 쓴 미 특수부대 장교들의 지휘를 받는다. 양측 간 합의에 따라 심각한 돌발사건을 미리 막기 위해 권총만으로 무장하고 있다. 북한 쪽에는 100m 높이의 깃대에 거대한 북한 국기가 펄럭이고, 남한 쪽에서도 비슷한 크기의 국기가 펄럭이고 있었다.

정적에 홀린 우리들은 50년 동안 인적이 없었던 이 지역에 야생동물들과 맹수들이 많지 않을까 궁금해졌다. 우리를 수행했던 군인이 잠시 말을 멈추었다가 대답했다.

"우리는 비무장지대의 맹수들에 대한 생각을 할 시간이 없습니다. 우리는 항상 위대한 김정일 동지의 지도 아래 어떻게 하면 통일을 할 수 있을지에 대해서만 생각할 뿐입니다."

우리들은 눈치 없는 질문을 던지기도 했다. 나는 "비무장지대에 근무하는 북한 군인들이 러시아제 권총으로 무장하고 있지 않느냐"고 물었다. 북한 군인은 침입자들을 격퇴하기에 충분한 북한제 무기가 있다고 응수했다. 양쪽의 좁은 길을 따라 쳐진 철조망을 보고 나는 그걸 통과할 수 있을까 궁금해졌다. 인민군인들은 나에게 어이없는 미소를 보냈다.

관광객들은 북쪽뿐만 아니라 남쪽에서도 판문점을 방문한다. 사진 촬영이 허용되어 나는 북한 군인들과 나란히 서서 사진을 찍었다. 사나이답고 키가 크며 훈련이 잘 된 군인들이 정복을 입고 초소에

몇 시간씩 미동도 하지 않고 서 있었다. 남한 군인들도 북한 군인들로
부터 몇 미터 떨어진 곳에서 정복을 입고 근무하고 있었다.

판문점에는 7개의 건물이 있다. 4개의 흰색 건물은 북한이, 나머지
3개의 푸른색 건물은 미군이 지은 것이다. 나는 중앙 건물로 들어갔
다. 여기는 미군 소유이지만 북한군도 함께 사용할 수 있도록 만든
곳이다. 테이블은 녹색 천으로 덮여 있었다. 이곳에서 지금까지 456
차례의 회담이 열렸다고 한다. 그 테이블의 가운데가 바로 국경선이
었다. 내가 손을 뻗으면 바로 남한 지역에 있게 되는 셈이다. 이곳에
서 서울까지의 거리는 불과 48km였다.

북한 군인들은 "김일성 주석이 언제나 통일된 조국을 염원했다"고
말했다. 그가 죽기 전 마지막으로 서명한 문건도 남북통일에 관한
것으로 알려진다. 북한은 이를 영원히 기리기 위해 판문점 근처에
'김일성주석 통일 친필비'를 세워 그의 통일 의지가 담긴 서명을 새
겨 놓았다. 우리는 판문점을 떠나며 방명록에 서명했다. 그리고 하루
빨리 판문점이 한민족의 비극과 하나된 조국을 얻고자 하는 국민들
의 열망을 보여주는 영원한 박물관이 되기를 소망했다.

김정일의 그림 선물

2주 뒤 나는 러시아로 돌아왔다. 공항에서 입국 절차가 지체되었다. 러시아 국경수비대원이 "짐 꾸러미 속에 가로 1.5m, 세로 1m가 넘는 물건이 있느냐?"고 물었다. 나는 "북한의 김정일 국방위원장이 선물로 준 그림이 있다."고 대답했다. 그는 미소를 지으며 '그럴듯한 농담'이라고 말하곤 나를 통과시켰다. 하지만 이는 진실이었다.

"김정일과 함께 여행을……"

러시아 여성 언론인 올가 말리체바(47)가 쓴 『김정일과 왈츠를』 읽다보면 마치 북한의 김정일 국방위원장과 함께 러시아 극동 여행을 즐기고 있는 것 같은 착각에 빠져들게 된다. 이 책의 가장 큰 매력이다.

이 책은 김정일에 대한 딱딱한 인물 비평서가 아니다. 그저 김정일을 따라 꼬박 4박5일을 함께 동행하면서 취재한 역사적 기록이다. 여성 기자 특유의 섬세한 사실적 묘사를 통해 김정일의 인간적 면모와 내면세계를 엿볼 수 있다. 좋든 싫든 김정일은 한반도의 반쪽을 지배하고 있는 북한의 지도자이고, 우리의 삶에도 지대한 영향을 미치고 있는 만큼 그에 대한 다양한 각도에서의 탐구는 아무리 강조해도 지나치지 않을 것이다.

저자는 최근에도 북한을 다녀왔으며, ≪뉴욕타임스≫등의 외신과도 수시로 인터뷰를 할 정도로 러시아 극동에서는 자타가 공인하는 북한전문가다. 그녀와 김정일과의 교류가 지속적이지는 않지만 여전히 그림 선물 등을 전달하면서 남다른 관심을 표시할 정도로 북한에서도 비중 있는 인물이 됐다. 저자는 북한과 김정일을 소재로 한 개인 사진전을 열 정도로 북한과 한반도 문제에 푹 빠져 있다.

김정일이나 북한을 부정적으로 묘사한 미국인이나 일본인이 쓴 번역서가 시중에 판을 치고 있는 현실에서 러시아 전문가가 가까이에 지켜본 김정일의 새로운 면모는 또 다른 시사점을 던지고 있다. 어느 쪽이 김정일의 진짜 모습인지는 알 수 없다. 하지만 저자가 본 북한 지도자는 만신창이가 된 북한 경제를 어떻게든 추슬러 자존심을 회복해 보려는 인물로 비친다.

지난 5월 블라디보스토크 현지 취재 도중에 만난 자리에서도 저자는 "김정일의 최대 관심은 경제문제였고, 숨김없이 하나라도 더 배우려는 자세를 보였다"고 강조한 바 있다. 이 책을 통해서 독자들은 북한 경제 재건에 결정적인 기여를 하게 될 에너지 자원의 보고이자, 시베리아횡단철도(TSR) 등 물류 중심지로서의 러시아 극동의 진면목도 새롭게 조망할 수 있을 것이다.

모쪼록 망설임 없는 일독을 권하고 싶다.

끝으로 이 자리를 빌려『김정일과 왈츠를』한국어판 출판 초기 번역에 도움을 준 러시아어 전문번역사 슬라보필리아(slavophilia.net)사 관계자분들에게 깊은 감사의 인사를 전한다.

임을출

"남북 관계, 북러 관계의 미래를 본다"

블라디보스토크에 있는 러시아극동국립대학에서 수년간 공부를 해온 탓에 김정일이 방문한 극동의 도시와 주요 장소들을 여러 차례 다녀온 적이 있다. 또 이 책에 등장하는 김정일을 직접 수행했던 다수의 러시아 고위 인사들과도 이런저런 친분을 맺어온 사이이다.

그래서인지 이 책을 처음 접한 순간부터 남다른 애착을 갖게 되었고 다 읽을 때까지 한순간도 눈을 뗄 수 없었다. 그러기에 저자 올가 말리체바 기자와의 개인적인 친분을 떠나 이 책의 한국어판 출판에 기여하게 되어 매우 기쁘다.

이 책을 통해 독자들은 하산에서 시작해 연해주의 수도인 블라디보스토크를 둘러보고, 나호트카, 우수리스크, 파티잔스크 등의 연해주 도시를 따라 극동의 수도인 하바로프스크와 아무르 강을 유람하게 되며, 강을 따라서 콤소몰스크에 도달하고, 노보시비르스크, 그리고 시베리아까지 러시아의 극동지역을 생생하게 느낄 수 있다.

저자는 김정일의 발길이 닿는 도시마다 그 지역의 명물, 역사 그리고 인물을 함께 소개함으로써 흥미를 더욱 북돋운다. 또 해방 직후부터 한국전쟁을 거쳐 현재까지의 북한-러시아 극동 관계의 부침을 엿볼 수도 있다.

북한과 가장 가깝고 오랜 친구라면 친구라고 할 수 있는 러시아인의 눈으로 매우 솔직하게 김정일과 오늘날의 북한을 묘사하고 있다. 한반도가 일본 식민지, 전쟁, 분단 등 아픈 과거로 인해 시베리아, 사할린, 연해주 등지에 남겨진 고려인의 사연을 통해 이 책은 극동러시아 지역이 한반도와 끊을래야 끊을 수 없는 오랜 인연을 갖고 있음도 상기시켜준다.

그리고 러시아인들이 바라보는 김정일은 '악동'의 모습이 아니라 낡은 공산주의 이데올로기에 사로잡혀 고립된 한 작은 동방국가의 지도자일 뿐이며, 그 또한 북한을 러시아 극동지방처럼 경제를 일으켜 세우려고 노력하는 인물임을 부각시키려는 저자의 속내를 읽을 수 있다. 또한 김정일과 북한 동포들도 상대방에 대한 배려나 이해에 있어 남쪽 사람이나 러시아인에 못지않다는 점을 강조한다.

이 책은 북한 지도자 김정일을 비롯해 오늘날의 북한, 그리고 러시아 극동을 쉽게 이해하기 위한 필독서로 손색이 없어 보인다. 북한의 미래는 물론 남북관계, 그리고 북러 관계의 미래를 미리 내다볼 수 있는 혜안을 제공한다는 점에서도 일독은 후회 없는 선택일 터이다.

박정민

■ 지은이

올가 말리체바

올가 말리체바(47)는 러시아 기자협회 간사이며, 극동 연방 관구의 코디네이터이자, 북-러 관계 전문가인 현직 언론인이다. 러시아 대통령이 극동 연방 관구에 파견한 콘스탄틴 풀리코프스키 전권 대사를 단장으로 하는 사절단의 일원으로 방북해 김정일 국방위원장과 두 차례 단독 인터뷰를 했고, 북한을 여러 차례 방문하였다.

■ 옮긴이

박정민

러시아 극동국립대학 국제경제학 전공, 동 대학원 석사과정을 마치고 박사과정을 수료했다. 러시아 극동국립대학 한국학대학 전임강사를 거쳐 현재는 경남대 극동문제연구소 러시아 지역담당 실장으로 재직 중이다.

임을출

경남대 대학원 정치외교학과에서 국제정치학 박사학위를 받았으며, 고려대 국제대학원 졸업, 미국 조지타운대 정부학과 객원 연구원 등을 거쳤다. 현재 한겨레 정치부(통일부 출입기자)를 거쳐 시사주간지 《한겨레21》의 북한 전문기자로 재직 중이다. 15년 북한 연구, 취재 경력을 갖고 있으며, 저서로 『'악의 축'과의 대화: 북·미 핵미사일 협상의 정치학』이 있다.

김정일과 왈츠를
러시아 여기자의 김정일 극동방문 동행취재기

ⓒ 임을출, 2004

지은이 ㅣ 올가 말리체바
옮긴이 ㅣ 박정민·임을출
펴낸이 ㅣ 김종수
펴낸곳 ㅣ 도서출판 한울

편집책임 ㅣ 안광은

초판 1쇄 발행 ㅣ 2004년 8월 23일
초판 3쇄 발행 ㅣ 2004년 10월 30일

주소 ㅣ 413-832 파주시 교하읍 문발리 507-2(본사)
          121-801 서울시 마포구 공덕동 105-90 서울빌딩 3층(서울 사무소)
전화 ㅣ 영업 02-326-0095, 편집 02-336-6183
팩스 ㅣ 02-333-7543
홈페이지 ㅣ www.hanulbooks.co.kr
등록 ㅣ 1980년 3월 13일, 제406-2003-051호

Printed in Korea.
ISBN 89-460-3292-8 03340

* 가격은 겉표지에 표시되어 있습니다.